독자의 1초를
아껴주는 정성을
만나보세요!

세상이 아무리 바쁘게 돌아가더라도 책까지 아무렇게나 빨리 만들 수는 없습니다.

인스턴트 식품 같은 책보다 오래 익힌 술이나 장맛이 밴 책을 만들고 싶습니다.

땀 흘리며 일하는 당신을 위해 한 권 한 권 마음을 다해 만들겠습니다.

마지막 페이지에서 만날 새로운 당신을 위해 더 나은 길을 준비하겠습니다.

정대천 지음

Node.js
마이크로
서비스
코딩공작소

NODE.JS
MICROSERVICES
IN ACTION

길벗

Node.js 마이크로서비스 코딩 공작소

Node.js Microservices In Action

초판 발행 · 2018년 2월 28일
초판 2쇄 발행 · 2019년 11월 25일

지은이 · 정대천
발행인 · 이종원
발행처 · (주)도서출판 길벗
출판사 등록일 · 1990년 12월 24일
주소 · 서울시 마포구 월드컵로 10길 56(서교동)
대표 전화 · 02)332-0931 | **팩스** · 02)323-0586
홈페이지 · www.gilbut.co.kr | **이메일** · gilbut@gilbut.co.kr

기획 및 책임편집 · 안윤경(yk78@gilbut.co.kr) | **디자인** · 배진웅 | **제작** · 이준호, 손일순, 이진혁
영업마케팅 · 임태호, 전선하, 지운집, 박성용 | **영업관리** · 김명자 | **독자지원** · 송혜란, 정은주

교정교열 · 김윤지 | **전산편집** · 박진희 | **출력·인쇄** · 북토리 | **제본** · 신정문화사

ISBN 979-11-6050-421-7 93000

(길벗 도서번호 006947)

정가 26,000원

독자의 1초를 아껴주는 정성 길벗출판사

길벗 | 길벗 IT실용서, IT/일반 수험서, IT전문서, 경제실용서, 취미실용서, 건강실용서, 자녀교육서
더퀘스트 | 인문교양서, 비즈니스서
길벗이지톡 | 어학단행본, 어학수험서
길벗스쿨 | 국어학습서, 수학학습서, 유아학습서, 어학학습서, 어린이교양서, 교과서

페이스북 · www.facebook.com/gbitbook
예제 소스 · https://github.com/gilbutITbook/006947

마이크로서비스의 첫인상은 '대용량 분산 처리 관련 주제들을 집대성했다'였습니다. 마이크로서비스는 분산 처리 기술을 넘어서 통합, 배포, 운영, 조직 등 대용량 서비스에 필요한 거의 모든 주제를 포함합니다. 마이크로서비스에서 다루는 주제들은 마이크로서비스에만 특화된 내용도 있지만, 포괄적인 내용도 많아 다른 아키텍처에도 적용할 수 있습니다.

책은 분산 처리 관점에서 마이크로서비스에 접근하려고 했습니다. 대다수 내용은 분산 아키텍처를 구현하는 데 활용할 수 있는 여러 기법과 아이디어를 설명하는 데 할애했으며, 마이크로서비스의 개론적인 부분을 방대하게 다루기보다는 중요한 개념 위주로 핵심만 설명했습니다. 또 실제 코드를 보면서 이해하는 것이 가장 빠르고 정확하다는 생각에 코드 작성에 중점을 두었습니다. 기본적인 Node.js 프로그래밍 능력과 관련 실무 경험이 있다면 이해하기 어렵지 않을 것입니다.

책은 크게 4부로 구성합니다.

1부(1~2장)에서는 마이크로서비스의 개요를 알아봅니다

- 1장에서는 모놀리식 아키텍처의 개념과 문제점을 설명합니다.
- 2장에서는 마이크로서비스 아키텍처의 개념과 장단점 등을 설명합니다.

2부(3~5장)에서는 Node.js로 모놀리식 서비스를 만듭니다

- 3장에서는 Node.js를 코딩할 때 놓치기 쉬운 개념을 알아보고, 간단하게 서버와 클라이언트를 만듭니다.
- 4~5장에서는 Node.js를 이용해 모놀리식 아키텍처를 구현합니다. 4장에서는 요구 사항을 정의하고, REST API와 데이터베이스를 설계합니다. 5장에서는 비즈니스 로직을 만들어 모놀리식 서비스를 구현합니다. 여기서 구현한 비즈니스 로직은 마이크로서비스 아키텍처에서도 사용합니다.

3부(6~9장)에서는 마이크로서비스를 구현합니다

- 6장에서는 분산 아키텍처를 알아보고, 간단한 분산 시스템을 만듭니다.
- 7장에서는 상품 관리, 회원 관리, 구매 관리 기능을 마이크로서비스로 만듭니다.

- 8장에서는 게이트웨이의 필요성을 이해하고, API 게이트웨이를 이용해 마이크로서비스의 인터페이스를 통일합니다.
- 9장에서는 6~8장에 걸쳐 만든 마이크로서비스를 실행합니다.

4부(10~15장)에서는 마이크로서비스 아키텍처를 만들 때 고려해야 할 주제들을 설명합니다

- 10장에서는 Node.js의 cluster 모듈을 활용해 장애에 대응하는 방법을 알아봅니다.
- 11장에서는 공유 자원 처리를 다룹니다. 특히 마이크로서비스와 Redis를 연동해 공유 자원 이슈를 처리합니다.
- 12장에서는 마이크로서비스의 로그 처리를 다루고, Elasticsearch와 연동합니다.
- 13장에서는 Node.js를 이용해 모니터링 정보를 수집하는 방법과 보안을 설명합니다.
- 14~15장에서는 배포 자동화와 도커, 데브옵스를 간략히 알아봅니다.

마이크로서비스 아키텍처를 구현하는 방법에는 정석이 없습니다. 책에서 다루는 여러 개념과 아이디어가 자신만의 아키텍처로 발전시켜 나가는 데 도움이 되길 바랍니다.

정대천

예제 파일 내려받기

책에서 사용하는 예제 파일은 길벗출판사 웹 사이트에서 도서명으로 검색해 내려받거나 깃허브에서 내려받을 수 있습니다.

- 길벗출판사 웹 사이트

  http://www.gilbut.co.kr

- 깃허브(GitHub)

  https://github.com/gilbutITbook/006947

예제 파일 구조 및 참고 사항

책에서 사용하는 예제 파일을 장별로 제공합니다.

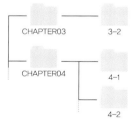

- 부록을 참고해 Node.js와 MariaDB를 설치합니다.
- 예제 파일을 내려받은 후 명령 프롬프트에서 각 장의 예제 파일을 실행합니다.
- 책에서는 Node.js 8.9 LTS 버전과 MariaDB 10.2 버전을 사용합니다(테스트 완료).

베타테스터 실습 후기

현업에서 Node.js를 이용해서 플랫폼을 개발하고 있었기에 관심을 갖게 되어 베타테스터를 신청했습니다. 마이크로서비스가 생긴 배경과 기존 시스템이 나아가야 할 점을 적절한 예제로 쉽게 이해할 수 있었고, 실제로 서비스 중인 플랫폼에도 적용할 수 있는 내용들이 있었습니다. 책에 실린 예제는 모두 오류 없이 잘 실행됩니다. 책을 참고해 마이크로서비스로 구성한 대량 로그 서버를 구성해 보았고, 성능과 안정성을 확보하면서 사용하고 있습니다. 기본적인 Node.js 지식이 있다면 책의 내용을 이해하기 어렵지 않을 것입니다.

• **실습 환경** : 윈도 8, Node.js 8.9.3, MariaDB 10.1.9

김재훈_플랫폼 개발자

편집자 실습 후기

Node.js는 사용해 본 적이 있었고, MariaDB는 처음 사용해 보았습니다(다른 데이터베이스는 사용해 보았습니다). 실습 전에는 제대로 따라 하지 못할까 봐 걱정했었는데, 직접 해 보니 책에 있는 그대로만 하면 예제를 손쉽게 실행할 수 있었습니다. 3부까지는 순조로웠고, 4부를 실습할 때는 Elasticsearch나 Kibana 등을 처음 사용해 봐서 시행착오가 있었습니다. 실습할 때 오류가 발생한다면 중간에 빠트리고 지나친 과정은 없는지, 포트 번호를 중복해서 사용하지는 않았는지 등을 꼼꼼하게 살펴 주세요!

• **실습 환경** : 윈도 10, Node.js 8.9.3, MariaDB 10.2.11

1부

마이크로서비스의 개요

1^장 모놀리식 아키텍처

커다란 모놀리식 아키텍처를 단독으로 실행 가능한 다수의 모듈로 분해한 아키텍처를 마이크로서비스 아키텍처라고 합니다. 이 장에서는 마이크로서비스 아키텍처의 반대 개념인 모놀리식 아키텍처를 먼저 알아보겠습니다.

1.1 모놀리식 아키텍처란

모놀리식(monolithic) 아키텍처는 널리 활용하는 전통적인 아키텍처로 하나의 애플리케이션 안에 모든 컴포넌트를 포함하는 구조입니다. 구조가 단순해 개발과 배포가 간편하다는 장점이 있습니다.

모놀리식 아키텍처를 이해하면 마이크로서비스(microservice) 아키텍처를 더 쉽게 이해할 수 있습니다. 지금부터 모놀리식 아키텍처를 개발하는 과정을 단계별로 예를 들어 살펴보겠습니다.

다음 요구 사항이 있다고 가정합니다.

- 기업형 e-commerce를 개발해야 합니다.
- 소수의 인원으로 개발팀이 구성되었습니다.
- 아직은 사용자가 많지 않습니다.
- 비교적 단순한 형태의 회원 관리, 상품 관리, 구매 관리 기능이 필요합니다.

요구 사항을 보니 비교적 형태가 단순한 시스템입니다. 특별히 고려할 만한 예외적 요소가 없으므로 일반적인 형태의 개발 과정을 생각해 보겠습니다.

1 사용자 입력을 받을 수 있는 UI를 기획합니다.

2 데이터를 관리할 수 있는 적절한 데이터베이스 스키마를 설계합니다.

3 애플리케이션을 하나 만들고, 사용자 입력을 받는 로직과 비즈니스 로직, 데이터베이스에 저장하는 로직을 코드 하나로 개발합니다.

구현된 시스템을 그림으로 표현하면 다음과 같습니다.

▼ 그림 1-1 모놀리식 애플리케이션 구조

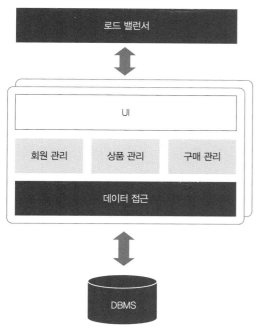

이 시스템은 하나의 애플리케이션으로 구성했기 때문에 배포하기 쉽고, 로드 밸런서를 활용해 애플리케이션의 인스턴스만 늘리면 부하 문제도 수월하게 해결할 수 있습니다. 하지만 초기 설계에서 고려하지 않았던 기능을 추가해야 하고, 기대보다 높은 수준의 분산 처리가 필요하다면 어떻게 해야 할까요? 다음 절에서 모놀리식 아키텍처의 한계를 알아보겠습니다.

1.2 모놀리식 아키텍처의 한계

모놀리식 아키텍처는 개발과 배포가 쉽다는 장점이 있지만, 일체형 시스템이라서 여러 한계가 있습니다.

- **분산 처리가 비효율적입니다**

  모놀리식 아키텍처는 모든 기능을 프로세스 하나 또는 코드 베이스로 개발하기 때문에 기능별로 분산 처리를 할 수 없습니다. 항상 전체를 같이 분산해야 합니다.

- **코드를 관리하기 어렵습니다**

  코드 구조가 하나이기에 새로운 코드를 추가하려면 전체 코드를 이해해야 하고 코드를 추가할수록 구조가 복잡해집니다.

- **새로운 기술을 적용하기 어렵습니다**

  특정 기능에 새로운 기술을 적용하고 싶어도 기능별로 코드가 독립적이지 않아 적용하기 쉽지 않습니다.

이러한 한계 때문에 실제로 많은 기업에서 시간이 흐를수록 왜 시스템이 무거워지는지를 고민하고 있습니다.

1.3 분산 아키텍처의 필요성

앞에서 언급한 여러 한계를 해결하려면 어떤 아키텍처가 필요할까요?

- 코드 수정에 부담이 없어야 하고, 새로운 기능을 추가할 때는 기존 코드에 영향을 주지 않아야 합니다.

- 필요한 기능만 분산 처리할 수 있어야 하고, 다른 기능에 결함이 발생해도 영향을 받지 않아야 합니다.

- 기능별로 최적화된 기술을 적용할 수 있어야 하고, 각기 다른 기술로 작성한 코드가 유기적으로 동작해야 합니다.

그동안 모놀리식 아키텍처에 있는 한계를 극복하고자 다양한 관점의 노력이 있었고, 이러한 노력의 결과로 최근 마이크로서비스가 등장했습니다. 다음 장에서는 마이크로서비스 아키텍처가 모놀리식 아키텍처의 한계를 어떻게 극복하는지 알아봅니다.

1.4 정리

모놀리식 아키텍처

- 널리 활용해 온 전통적인 아키텍처다.
- 하나의 애플리케이션 안에 모든 컴포넌트를 포함하는 구조다.
- 구조가 단순해 개발과 배포가 간편하다.

모놀리식 아키텍처의 한계

- 비효율적인 분산 전략이다.
- 소스 코드가 거대해서 코드 수정이 부담스럽다.
- 새로운 기술을 적용하기 어렵다.

개선된 아키텍처의 요구 사항

- 코드 구조가 독립적이어야 한다.
- 기능별 분산 구조여야 한다.
- 기능별 최적화된 기술 적용이 가능해야 한다.

2^장

마이크로서비스 아키텍처

이 장에서는 마이크로서비스 아키텍처의 장점과 단점, 비동기 싱글 스레드 프로그래밍이 마이크로서비스 아키텍처를 구현하는 데 어떻게 도움이 되는지 알아보겠습니다.

2.1 마이크로서비스란

커다란 모놀리식 아키텍처를 단독으로 실행 가능한 다수의 모듈로 분해한 아키텍처를 마이크로서비스 아키텍처라고 합니다. 이때 실행 가능한 하나의 모듈을 마이크로서비스라고 합니다.

각각의 마이크로서비스는 독립적인 프로세스 형태로 각기 배포할 수 있어야 하고, 개별적으로도 개발할 수 있어야 합니다. 마이크로서비스는 상호 독립적인 구조이기 때문에 프로그래밍 언어나 프레임워크가 같을 필요는 없으며, 서로 독립적인 데이터 저장소와 네트워크 통신 기능을 가질 수 있습니다.

마이크로서비스의 특징을 정리하면 다음과 같습니다.

- 마이크로서비스 하나는 독립적인 프로세스 하나를 의미합니다.
- 개발과 배포에 상호 독립적입니다.
- 기술 독립성을 가집니다.
- 독립적인 데이터 저장소를 가질 수 있습니다.
- 각 마이크로서비스는 각자 가진 네트워크 기능으로 통신할 수 있습니다.

예를 들어 그림 1-1의 회원 관리, 상품 관리, 구매 관리를 마이크로서비스로 구성하면 그림 2-1과 같습니다.

▼ 그림 2-1 마이크로서비스의 예

모놀리식 아키텍처의 문제 대부분은 모든 기능을 프로세스 하나로 개발하는 데서 발생합니다. 관리하기 적당한 작은 단위로 기능을 분리하면 앞에서 언급한 문제점인 비효율적인 분산 처리와 코드의 복잡성을 해결할 수 있고, 기능별 최적화된 언어 및 프레임워크도 사용할 수 있습니다.

2.2 마이크로서비스 아키텍처의 단점

마이크로서비스 아키텍처는 모놀리식 아키텍처의 문제점을 해결할 수 있는 좋은 대안이지만 장점만 있지는 않습니다.

- **공유 자원 접근이 어렵습니다**

  그림 2-1에서 구매 관리 마이크로서비스가 회원 관리 마이크로서비스의 데이터를 참조해야한다고 가정합시다. 모놀리식 아키텍처라면 프로세스가 같기 때문에 어렵지 않게 구매 관리로직에서 회원 관리 로직으로 접근할 수 있습니다. 하지만 마이크로서비스에서는 서로 다른프로세스로 실행하기 때문에 추가적인 고민이 필요합니다. 공유 자원을 처리하는 방법은 11장에서 다룹니다.

- **배포와 실행이 복잡해집니다**

  모놀리식 아키텍처에서는 프로세스 하나만 실행해도 서비스가 가능했지만, 마이크로서비스는 복잡한 실행 과정을 거쳐야만 정상적인 서비스가 가능합니다. 배포 자동화는 14장에서다룹니다.

- **분산 시스템을 구현하기 어렵습니다**

  마이크로서비스에는 독립적인 프로세스들을 유기적으로 동작할 수 있게 하는 분산 네트워크 시스템이 필요합니다. 매우 중요한 시스템이지만 네트워크 레벨에서 다양한 상황별로 처리해야 하므로 구현하기 어려울 수 있습니다. 분산 아키텍처는 6장에서 다룹니다.

2.3 마이크로서비스와 Node.js

마이크로서비스 아키텍처에서는 여러 마이크로서비스가 유기적으로 동작해야 하므로 마이크로서비스 하나는 구조가 작고 가벼워야 합니다. 유지 보수와 배포가 어렵고 장애 포인트가 많다면, 마이크로서비스 아키텍처는 아무런 장점이 없는 아키텍처입니다.

코드 구조를 작고 가볍게 하는 데 어떤 요소가 가장 중요할까요? 대부분의 서비스는 정보를 저장하고 조회하는 데 데이터베이스, 파일 등과의 I/O가 필수적입니다. 그런데 이때 I/O가 동기 방식이라면 응답이 올 때까지 다음 요청을 처리하지 못하기 때문에 성능이 좋지 않습니다. 보통 이러한 문제는 메시지-큐를 이용해 해결합니다. I/O를 실제로 처리하는 서버를 별도로 두고, 요청을 받은 서버는 큐로 데이터를 전송한 후 이 요청을 처리하고, I/O가 처리되면 클라이언트에 보내는 방식을 사용합니다.

❤ 그림 2-2 메시지-큐

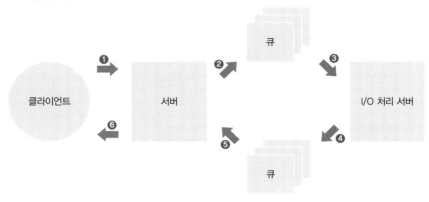

요청을 받는 서버와 I/O를 처리하는 서버, 메시지-큐를 처리하는 프로세스까지 모두 고려해서 마이크로서비스를 구현해야 한다면, 개발량도 많고 코드 구조도 복잡해 배포 또한 쉽지 않습니다.

Node.js는 내부적으로 이러한 메커니즘을 모두 처리해 주기 때문에 개발자가 별도로 고민하지 않아도 됩니다.

❤ 그림 2-3 Node.js의 이벤트 루프

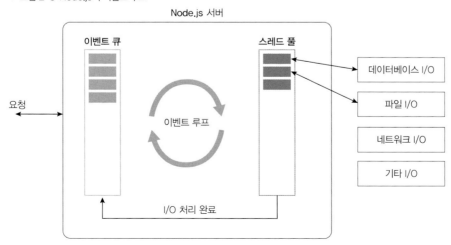

이외에도 Node.js는 싱글 스레드를 기반으로 코딩하기 때문에 스레드 동기화와 교착 상태 등을 고려할 필요가 없습니다. 또 자바스크립트를 사용하기 때문에 문법이 쉽다는 장점이 있어 마이크로서비스를 구현하는 데 좋은 선택이 될 수 있습니다.

다음 장에서는 Node.js를 간단히 살펴본 후 Node.js로 모놀리식 아키텍처를 만들어 보겠습니다.

2.4 정리

마이크로서비스

- 마이크로서비스 하나는 독립적인 프로세스 하나를 의미한다.
- 개발과 배포에 상호 독립적이다.
- 기술 독립성을 가진다.
- 독립적인 데이터 저장소를 가질 수 있다.
- 각 마이크로서비스는 각자 가진 네트워크 기능으로 통신할 수 있다.

마이크로서비스 아키텍처 구현의 어려움

- 공유 자원 접근이 어렵다.
- 배포와 실행이 복잡하다.
- 분산 시스템을 구현하기 어렵다.

마이크로서비스와 Node.js

- Node.js에는 메시지-큐 기능이 자체적으로 들어 있다.
- Node.js는 경량화된 고성능 서버 개발에 최적화된 프레임워크다.

2부

Node.js로
모놀리식
서비스 만들기

3^장

Node.js 이해

우리 목표는 Node.js를 활용한 마이크로서비스를 구현하는 것이므로 Node.js의 기초적인 내용은 다루지 않습니다. Node.js로 비동기 프로그래밍을 할 때 주의할 점과 마이크로서비스의 기본이 되는 HTTP, TCP 서버와 클라이언트를 만드는 방법만 간략히 알아보겠습니다. Node.js의 기본 문법은 다른 도서나 Node.js 공식 사이트를 참고해 주세요.

3.1 비동기 프로그래밍

일반적으로 파일 I/O나 네트워크 I/O는 메모리 I/O보다 현저히 느립니다. 예를 들어 파일 4개의 입출력을 하나씩 처리한다면, 처리 시간은 길어지고 CPU의 사용 효율성은 떨어집니다. 이를 개선하고자 비동기 프로그래밍을 사용하는데, 순차적으로 I/O를 처리하는 것이 아니라 I/O 처리 요청만 운영체제에 전달하고 CPU는 다른 연산을 수행합니다. I/O 처리가 완료되면 운영체제에서 I/O 처리를 완료했다는 메시지를 전달받아 이후 작업을 처리하는 방식입니다.

❤ 그림 3-1 동기와 비동기의 차이

참고로 비동기 프로그래밍은 I/O 처리 요청 순서와 별개로 처리를 완료하는 순서는 제각각입니다. 따라서 개발자는 보장되지 않는 I/O 완료 처리를 고려해 프로그래밍을 해야 합니다.

Node.js는 모든 함수와 모듈이 비동기 프로그래밍을 기본으로 합니다. 동기 방식 함수들이 약간 있지만 제한적이기 때문에 비동기 프로그래밍에 익숙해질 필요가 있습니다. 이때 주의할 점을 간단한 코드를 작성하면서 알아보겠습니다. 다음 코드처럼 입력하고 실행합시다. 코드는 메모장, vi 에디터 등 사용하기 편한 텍스트 에디터에서 작성하면 됩니다.

Note ≡ 책에서는 기본적으로 윈도 명령 프롬프트를 사용해 실습합니다.

코드 3-1 비동기 프로그래밍

예제 파일 : async.js

```
function func(callback) {      // ❶ func 함수 선언
    callback("callback!!");    // ❷ 인자 값으로 전달된 callback 함수 호출
}

func((param) => {              // ❸ 익명 함수를 인자로 func 함수 호출
    console.log(param);
});
```

Node.js 파일은 실행하려는 파일이 있는 폴더로 이동한 후 실행해야 합니다.

```
> node async.js
callback!!
```

func 함수를 선언했고 인자로 콜백 함수를 받았습니다(❶). 전달받은 콜백 함수에 "callback!!"이라는 인자 값을 전달하도록 구현했습니다(❷). 익명 함수를 인자로 func 함수를 호출했습니다(❸). 실행하면 "callback!!"을 화면에 출력합니다.

코드 3-1은 겉보기에는 비동기 프로그래밍처럼 보이지만 동일한 스레드 위에서 동기적으로 동작합니다. func 함수 내부에서 비동기적으로 콜백하려면 process.nextTick 함수를 이용해야 합니다. process.nextTick 함수는 특정 함수를 호출하기 전 CPU가 다른 높은 우선순위의 명령을 수행하게 합니다. process.nextTick 함수를 이용한 코드 3-2를 살펴봅시다.

코드 3-2 nextTick을 사용한 비동기 프로그래밍

예제 파일 : nextTick.js

```
function func(callback) {
    // ❶ nextTick을 사용해 인자 값으로 전달된 callback 함수 호출
    process.nextTick(callback, "callback!!");
}

try {                              // ❷ 예외 처리를 위해 try~catch 문 선언
    func((param) => {
        a.a = 0;                   // ❸ 의도적으로 예외 발생
    });
} catch (e) {
    console.log("exception!!");    // ❹ 같은 스레드일 경우 호출
}
```

nextTick.js 파일을 실행합니다.

```
> node nextTick.js
D:\microservice\nextTick.js:7
        a.a = 0;  // 예외 발생
        ^

ReferenceError: a is not defined
    at func (D:\microservice\nextTick.js:7:9)
    at _combinedTickCallback (internal/process/next_tick.js:71:11)
    at process._tickCallback (internal/process/next_tick.js:98:9)
    at Module.runMain (module.js:606:11)
    at run (bootstrap_node.js:394:7)
    at startup (bootstrap_node.js:149:9)
    at bootstrap_node.js:509:3
```

의도적으로 콜백 이후에 예외가 발생하도록 선언되지 않은 변수에 접근하게 했습니다(❸). func 함수에서는 process.nextTick 함수를 이용해 비동기로 동작하도록 코드를 수정했습니다(❶). try~catch 문을 적용했으니 "exception!!"이라는 문자를 화면에 표시해야 합니다(❷, ❹). 하지만 try~catch 문이 실행되지 않고 프로세스 실행 에러가 발생합니다. process.nextTick 함수는 비동기 처리를 위해 Node.js 내부의 스레드 풀로 다른 스레드 위에서 콜백 함수를 동작합니다. try~catch 문은 같은 스레드 위에서만 동작하기 때문에 서로 다른 스레드 간의 예외 처리가 불가능합니다. 이처럼 process.nextTick 함수를 이용하면 Node.js가 CPU를 효율적으로 사용하는 대신 try~catch 문만으로는 예외 처리가 불가능합니다. 다음 절에서는 Node.js의 싱글 스레드 프로그래밍 개념과 예외 처리 방법을 알아보겠습니다.

3.2 싱글 스레드 프로그래밍

CPU는 한 번에 하나의 명령만 수행할 수 있습니다. 그래서 CPU의 클록 수에 따라 처리 속도가 결정됩니다. 이러한 한계를 극복하려고 스레드 개념을 도입했습니다. CPU는 한 번에 하나의 명령만 수행할 수 있지만, 운영체제의 스케줄러가 매우 짧은 주기로 각기 다른 명령을 우선순위에 따라 실행시키면 동시에 여러 로직도 수행할 수 있습니다. 이를 멀티스레드 프로그래밍이라고 합니다.

❤ 그림 3-2 스레드 2개를 실행하고 있는 프로세스

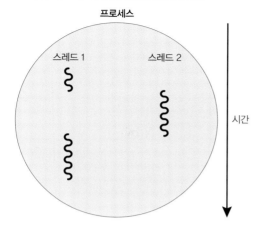

멀티스레드 프로그래밍은 대용량 처리에서 필수적으로 사용하는 프로그래밍 방식이지만, 오류를 찾아내기 어렵고 구현할 때 고려할 사항이 많아 그동안 개발자들을 괴롭혀 왔습니다. Node.js는 이러한 복잡한 멀티스레드 대신 싱글 스레드 프로그래밍만으로도 멀티스레드 프로그래밍 성능을 구현하도록 프레임워크가 구성되어 있습니다.

Node.js는 싱글 스레드 기반으로 동작합니다. 여기서 주의할 점은 싱글 스레드라고 해서 모두 같은 스레드 위에서 동작하지 않는다는 것입니다. 코드 3-2와 같이 비동기 호출을 할 경우 함수를 호출한 영역과 콜백을 처리하는 영역이 각기 다른 스레드 위에서 동작합니다. 이때 try~catch 문으로 모든 예외 처리를 하기에는 무리가 있습니다. Node.js는 모든 스레드에서 예외 처리를 할 수 있도록 uncaughtException 이벤트를 제공합니다.

코드 3-3은 uncaughtException 이벤트를 이용한 예외 처리입니다.

코드 3-3 uncaughtException 이벤트를 이용한 예외 처리

예제 파일 : uncaughtException.js

```
function func(callback) {
    process.nextTick(callback, "callback!!");
}

try {
    func((param) => {
        a.a = 0;
    });
} catch (e) {
    console.log("exception!!");
```

```
}

process.on("uncaughtException", (error) => {   // 모든 스레드에서 발생하는 예외 처리
    console.log("uncaughtException!!");
});
```

uncaughtException.js 파일을 실행합니다.

```
> node uncaughtException.js
uncaughtException!!
```

try~catch 문으로는 제어할 수 없던 예외 처리를 uncaughtException 이벤트로 제어했습니다.

3.3 Node.js로 서버와 클라이언트 만들기

Node.js는 기본적으로 고성능 네트워크를 손쉽게 처리할 수 있는 네트워크 프레임워크입니다.
고성능 I/O 서버를 구현하는 것은 많은 학습과 경험이 필요한 영역이었습니다. Node.js는 이러
한 복잡한 영역을 효과적으로 은닉화(encapsulation)해 손쉽게 고성능 I/O 시스템을 구현할 수 있
게 합니다.

네트워크 시스템에서 데이터를 요청하는 쪽을 클라이언트, 응답하는 쪽을 서버라고 합니다. 일반
적으로 사용자 영역에 가까울수록 클라이언트라고 생각하며, 서비스를 제공하는 시스템 영역에
가까울수록 서버라고 생각합니다. 그러나 사용자 영역 안에서도 서버와 클라이언트가 존재할 수
있고, 시스템 영역 안에서도 서버와 클라이언트 역할이 구분될 수 있습니다.

❤ 그림 3-3 위치에 따라 구분되는 서버와 클라이언트 역할

마이크로서비스는 기본적으로 서버이지만 다른 마이크로서비스에 정보를 요청해야 하는 클라이언트가 되기도 합니다. Node.js를 이용해 HTTP, TCP의 서버와 클라이언트를 간단히 만들어 봅시다.

3.3.1 HTTP 서버 만들기

HTTP는 전 세계에서 가장 인기 있는 네트워크 프로토콜(protocol)입니다. 월드 와이드 웹(World Wide Web)으로 이미 많은 시스템에서 활용 중이며, HTML뿐만 아니라 JSON, XML 등 다양한 문서 포맷을 사용하기에도 편리합니다. 또 대용량 패킷 전달, 상태 관리, 보안 처리 등 각종 네트워크 이슈에 대한 대비책도 마련되어 있습니다. 요즘은 RESTful 설계 방식이 널리 활용됩니다.

Node.js에서는 기본 모듈로 http 모듈을 제공하는데, 이를 이용하면 매우 쉽게 HTTP 서버를 만들 수 있습니다. http 모듈을 이용해 HTTP 서버를 만드는 과정을 알아보겠습니다.

먼저 http 모듈을 사용할 수 있도록 require 키워드를 이용해 http 모듈을 로드합니다.

```
var http = require('http');
```

createServer 함수를 이용해 HTTP 서버 인스턴스를 만듭니다. 콜백으로 req와 res를 전달받게 합니다.

```
var server = http.createServer((req, res) => {});
```

클라이언트가 특정 포트로 접속할 수 있도록 서버에 포트를 할당하고 응답받을 수 있게 합니다.

```
server.listen(8000);
```

8000번 포트로 접속은 가능하지만, 아직 아무런 응답도 하지 않는 상태이므로 응답으로 "hello world"를 보내도록 res.end("hello world") 코드를 추가합니다.

전체 코드는 다음과 같습니다.

코드 3-4 HTTP 서버 전체 코드

예제 파일 : httpServer.js

```
const http = require('http');              // http 모듈 로드

var server = http.createServer((req, res) => {  // createServer 함수를 이용해 인스턴스 생성
    res.end("hello world");                // hello world 응답
});

server.listen(8000);                       // 8000번 포트로 리슨
```

httpServer.js 파일을 실행한 후 웹 브라우저에서 http://127.0.0.1:8000으로 접속하면 "hello world" 문자가 보입니다.

```
> node httpServer.js
```

▼ 그림 3-4 실행 결과[1]

http 모듈을 이용해 간단한 HTTP 서버를 만들어 보았습니다. http 모듈을 이용해 좀 더 복잡한 웹 애플리케이션도 개발할 수 있습니다. 복잡한 웹 애플리케이션을 개발할 때는 UI 템플릿, 쿠키 처리, 라우팅 처리 등 웹 애플리케이션을 개발하는 데 필요한 일련의 기능을 제공하는 Express라는 유명한 확장 모듈을 이용할 수 있습니다.

Express는 공식 사이트(http://expressjs.com)에서 자세히 확인할 수 있습니다.

1　책에서는 웹 브라우저로 파이어폭스를 사용했지만, 크롬이나 인터넷 익스플로러에서도 잘 동작합니다. 어떤 웹 브라우저를 사용하든 상관없습니다.

▼ 그림 3-5 Express 공식 사이트

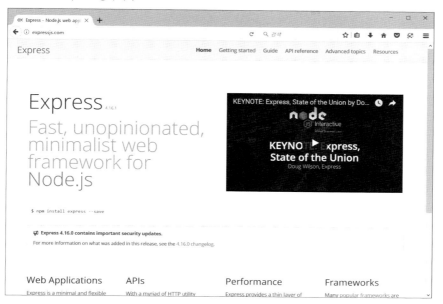

3.3.2 HTTP 클라이언트 만들기

단순히 HTTP 서버를 테스트하는 용도라면 이미 무수히 많은 HTTP 클라이언트가 있습니다. 하지만 시스템은 위치에 따라 서버가 되기도 하고 동시에 클라이언트가 되기도 하므로 서버와 클라이언트 코드가 같은 바이너리 안에 존재하는 경우가 많습니다. Node.js에서는 http 모듈을 이용해 HTTP 서버와 HTTP 클라이언트 개발에 필요한 모든 API를 제공합니다.

http 모듈을 이용한 HTTP 클라이언트를 만드는 과정을 알아봅시다. 서버를 만들 때와 동일하게 http 모듈을 로드합니다.

```
var http = require('http');
```

접속할 서버의 정보와 호출할 페이지 정보를 options 변수에 담습니다.

```
var options = {
    host: "127.0.0.1",
    port: 8000,
    path: "/"
};
```

request 함수를 이용해 호출합니다. 첫 번째 인자는 앞에서 선언한 접속 정보를 담은 변수고, 두 번째 인자는 응답 정보를 담은 콜백 함수입니다. 이때 상황에 따라 콜백을 여러 번 호출할 수 있습니다. 함수 안에서는 두 가지 이벤트 처리가 필요합니다. 첫 번째는 데이터가 전달될 때고, 두 번째는 데이터가 모두 전달되었을 때입니다. 데이터를 받을 때마다 data 변수에 합친 후 모든 데이터 전송이 완료되면 화면에 출력합니다.

```
var req = http.request(options, (res) => {
    var data = "";
    res.on('data', (chunk) => {
        data += chunk;       // 수신된 데이터를 합침
    });

    res.on('end', () => {
        console.log(data);   // 데이터 수신 완료
    });
});
```

지금은 서버에 GET 방식으로 별도의 데이터를 전송할 필요가 없기 때문에 요청을 명시적으로 완료하겠다는 end 함수를 호출합니다. 전체 코드는 다음과 같습니다.

코드 3-5 HTTP 클라이언트 전체 코드

예제 파일 : httpClient.js

```
var http = require('http');

var options = {                          // 호출 페이지 정보 설정
    host: "127.0.0.1",
    port: 8000,
    path: "/"
};
var req = http.request(options, (res) => {   // 페이지 호출
    var data = "";
    res.on('data', (chunk) => {           // 서버가 보내는 데이터 수신
        data += chunk;
    });

    res.on('end', () => {                 // 수신 완료하면 화면에 출력
        console.log(data);
    });
});

req.end();                               // 명시적 완료
```

새 명령 프롬프트를 하나 더 열어 httpClient.js 파일을 실행합니다.

```
> node httpClient.js
hello world
```

코드 3-4의 HTTP 서버를 실행한 후 앞에서 만든 HTTP 클라이언트를 실행하면 hello world 내용이 화면에 출력됩니다.

지금까지 http 모듈을 활용한 HTTP 서버와 HTTP 클라이언트를 개발하는 방법을 알아보았습니다. http 모듈은 공식 매뉴얼(https://nodejs.org/api/http.html)에서 자세히 확인할 수 있습니다.

▼ 그림 3-6 http 모듈 공식 매뉴얼

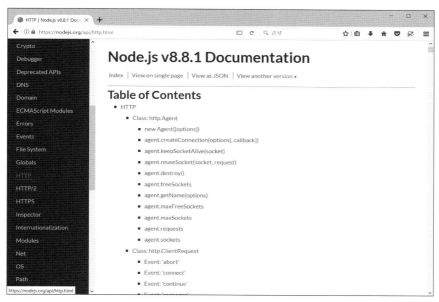

3.3.3 TCP 서버 만들기

TCP(Transmission Control Protocol)는 인터넷 프로토콜 스위트(IP)의 핵심 프로토콜 중 하나로, TCP/IP라는 명칭으로도 많이 사용합니다. 연결 과정이 필요한 신뢰할 수 있는 통신에 사용되는 프로토콜로 앞에서 살펴본 HTTP도 TCP 기반으로 만든 프로토콜입니다.

Node.js에서는 net이라는 기본 모듈을 이용해 TCP 서버와 TCP 클라이언트 관련 API를 제공합니다. 그럼 net 모듈을 이용해 TCP 서버를 만드는 과정을 알아보겠습니다.

net 모듈을 로드합니다.

```
var net = require('net');
```

createServer 함수를 이용해 TCP 서버를 만듭니다. 클라이언트가 접속했을 때 호출되는 콜백 함수를 구현합니다. "hello world"를 응답하고 접속을 종료하도록 합니다.

```
var server = net.createServer((socket) => {
    socket.end("hello world");
});
```

네트워크에 있는 다양한 에러 이벤트를 해결하려고 on 함수를 이용해 error 이벤트를 처리합니다.

```
server.on('error', (err) => {
    console.log(err);
});
```

포트를 할당해 클라이언트가 접속할 수 있도록 합니다. 9000번 포트를 사용합니다.

```
server.listen(9000, () => {
    console.log('listen', server.address());
});
```

전체 코드는 다음과 같습니다.

코드 3-6 TCP 서버 전체 코드

예제 파일 : tcpServer.js

```
var net = require('net');                    // net 모듈 로드
var server = net.createServer((socket) => {  // TCP 서버를 만듦
    socket.end("hello world");               // 접속하면 hello world 응답
});

server.on('error', (err) => {                // 네트워크 에러 처리
    console.log(err);
});
```

4장

**Node.js로
모놀리식 서비스
만들기 : 설계**

이 장에서는 Node.js에 익숙해질 수 있도록 모놀리식 아키텍처로 형태가 매우 단순한 e-commerce 서비스를 만들어 보겠습니다. e-commerce 서비스 개발은 일반적인 개발 공정 방식인 '요구 사항 정의 → 설계 → 코드 구현' 단계로 진행합니다. 단 아키텍처에 집중할 수 있도록 실습에 꼭 필요한 기능만 정의합니다.

4.1 요구 사항 정의

1장에서 예로 들었던 상품 관리, 구매 관리, 회원 관리 기능의 API를 설계하겠습니다.

❤ 그림 4-1 모놀리식 애플리케이션 구조

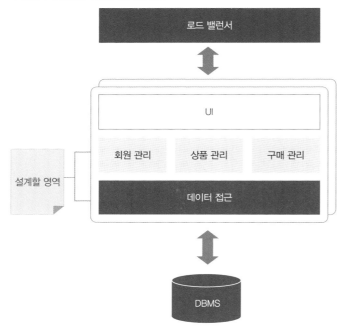

1장에서 언급한 요구 사항을 좀 더 상세히 정의해 보겠습니다.

- 상품 관리, 회원 관리, 구매 관리 기능의 API를 제공합니다.
- 형식은 REST API로 제공합니다.
- 상품 관리에는 세 가지 기능을 제공합니다.
  - 상품 등록
  - 상품 조회
  - 상품 삭제
- 상품 정보는 '상품명', '상품 카테고리', '가격', '상품 설명'으로 구성합니다.
- 상품 조회는 등록된 모든 상품을 조회합니다.

- 회원 관리에는 세 가지 기능을 제공합니다.
  - 회원 등록
  - 회원 인증
  - 회원 탈퇴
- 회원 정보는 '사용자명'과 '패스워드'로 구성합니다.
- 구매 관리에는 두 가지 기능을 제공합니다.
  - 구매
  - 구매 내역 조회
- 구매 정보는 '사용자 정보', '상품 정보', '구매 일자'로 구성합니다.

일반적인 형태의 REST API 시스템 요구 사항을 정의해 보았습니다.

4.2 시스템 구성 설계

시스템을 구성해 보겠습니다. 요구 사항을 살펴보면 기본적으로 REST 웹 API 시스템을 제작해야 합니다. 소규모 모놀리식 아키텍처로 개발하기 때문에 API 서버 하나와 데이터베이스로만 구성하겠습니다.

▼ 그림 4-2 API 서버 구성도

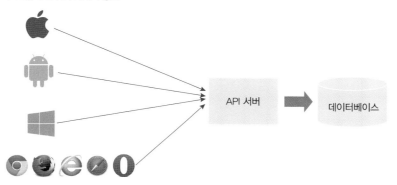

4.3 REST API 설계

REST(REpresentational State Transfer)는 HTTP 프로토콜의 주요 저자인 로이 필딩(Roy Fielding)이 2000년 자신의 박사 학위 논문에서 소개했습니다.

REST는 기존 RPC나 SOAP 등 복잡한 프로토콜로 통신하는 것보다 이미 널리 사용하는 HTTP 프로토콜로 통신하는 것이 더 효율적이라는 내용입니다. REST는 자원 지향 구조로 접근하고자 하는 자원에 고유한 URI를 부여하는 방식입니다. HTTP의 POST, GET, PUT, DELETE 메서드를 활용해 같은 자원에서 생성(POST), 조회(GET), 수정(PUT), 삭제(DELETE)를 처리합니다.

자원을 기준으로 API를 설계하기 때문에 행위를 기준으로 설계할 때는 어색한 부분이 발생하지만, 데이터 관점에서는 직관적인 설명이 가능하기에 널리 활용됩니다.

자세한 내용은 책이나 로이 필딩이 2000년에 발표한 논문 "Architectural Styles and the Design of Network-based Software Architectures"를 참고하세요.

요구 사항에서 정의된 기능을 개발하려면 HTTP 호출을 위한 기능별 메서드와 URI를 정의해야 합니다. 요구 사항에 정의된 기능들을 상품 관리, 회원 관리, 구매 관리 그룹으로 묶어 REST API 를 설계하겠습니다.

4.3.1 상품 관리 REST API

상품 관리에 필요한 기능은 상품 등록, 상품 조회, 상품 삭제 세 가지입니다. 상품 관리에 필요한 API의 URI는 /goods로 지정합니다. 상품 등록은 POST 메서드, 상품 조회는 GET 메서드, 상품 삭제는 DELETE 메서드로 정의합니다.

▼ 표 4-1 상품 관리 API

기능	메서드	URI
상품 등록	POST	/goods
상품 조회	GET	/goods
상품 삭제	DELETE	/goods

상품 등록에 필요한 파라미터를 설계합니다. 요구 사항에서 상품의 속성을 다음과 같이 정의했습니다.

> 상품 정보는 '상품명', '상품 카테고리', '가격', '상품 설명'으로 구성합니다.

요구 사항에 맞게 상품 등록 입력 파라미터를 설계합니다.

▼ 표 4-2 상품 등록 입력 파라미터

파라미터명	의미	타입
name	상품명	String
category	상품 카테고리	String
price	가격	Number
description	상품 설명	String

상품 등록 결과는 기본적인 에러 코드와 에러 메시지만 받습니다.

▼ 표 4-3 상품 등록 결과

파라미터명	의미	타입
errorcode	에러 코드	Number
errormessage	에러 메시지	String

상품 조회는 등록된 모든 상품을 조회하는 기능이므로 별도의 입력 파라미터가 필요 없습니다. 결과는 입력된 모든 상품이므로 기본적인 에러 코드와 에러 메시지 이외에 상품 목록이 필요합니다.

▼ 표 4-4 상품 조회 결과

파라미터명	의미	타입
errorcode	에러 코드	Number
errormessage	에러 메시지	String
results	상품 목록	Array

파라미터명	의미	타입
id	고유 번호	Number
name	상품명	String
category	상품 카테고리	String
price	가격	Number
description	상품 설명	String

상품 삭제는 상품 고유 번호를 입력하고, 결과는 에러 코드와 에러 메시지만 받습니다.

▼ 표 4-6 상품 삭제 입력 파라미터

파라미터명	의미	타입
id	고유 번호	Number

▼ 표 4-7 상품 삭제 결과

파라미터명	의미	타입
errorcode	에러 코드	Number
errormessage	에러 메시지	String

이렇게 상품 등록 입력 파라미터를 정의했습니다.

4.3.2 회원 관리 REST API

회원 관리에 필요한 API의 URI는 /members로 지정합니다. 회원 등록은 POST 메서드, 회원 인증은 GET 메서드, 회원 탈퇴는 DELETE 메서드로 정의합니다.

▼ 표 4-8 회원 관리 API

기능	메서드	URI
회원 등록	POST	/members
회원 인증	GET	/members
회원 탈퇴	DELETE	/members

시스템 구성 설계

요구 사항이 REST 웹 API 시스템 제작이므로, API 서버 하나와 데이터베이스로만 구성한다.

REST API 설계

- 상품 관리 REST API에서 상품 등록은 POST 메서드, 상품 조회는 GET 메서드, 상품 삭제는 DELETE 메서드로 정의한다.

- 회원 관리 REST API에서 회원 등록은 POST 메서드, 회원 인증은 GET 메서드, 회원 탈퇴는 DELETE 메서드로 정의한다.

- 구매 관리 REST API의 URI는 /purchase로 지정한다. 구매는 POST 메서드, 구매 내역 조회는 GET 메서드로 정의한다.

데이터베이스 설계

- 상품 관리, 회원 관리, 구매 관리의 데이터를 저장할 데이터베이스가 필요하다.

- MariaDB에 monolithic 데이터베이스를 만들고, 상품 관리, 회원 관리, 구매 관리 테이블을 만든다.

- micro 계정을 만들고 이 계정이 monolithic 데이터베이스에서만 권한을 가지도록 설정한다.

5^장

Node.js로
모놀리식 서비스
만들기 : 구현

이 장에서는 앞에서 정의한 요구 사항을 Node.js로 구현합니다. HTTP 프로토콜을 처리할 수 있도록 REST API 서버를 구현하고, MariaDB와 연동되는 비즈니스 로직을 모놀리식 아키텍처로 완성합니다.

5.1 파일 구성

우선 파일 하나로 API 서버(monolithic.js)를 만들어 비즈니스 로직과 I/O 처리 기능을 분리합니다. 그리고 상품 관리(monolithic_goods.js), 회원 관리(monolithic_members.js), 구매 관리(monolithic_purchases.js) 모듈을 별도 파일로 구성합니다.

❤ 그림 5-1 파일 구성

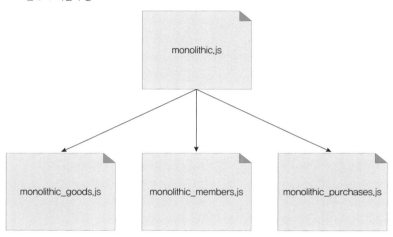

5.2 REST API 서버 만들기

REST API 서버는 기본적으로 HTTP 서버입니다. 3.3.1절에서 만든 HTTP 서버에 메서드, URI별로 분기할 수 있도록 몇 가지 코드를 추가합니다. 먼저 3.3.1절에서 만든 기본적인 형태의 HTTP 서버부터 만듭니다. 파일명은 monolithic.js로 설정하고 8000번 포트를 사용합니다.

예제 파일 : monolithic.js[1]

```
const http = require('http');

var server = http.createServer((req, res) => {

}).listen(8000);
```

REST API를 만들려면 메서드와 URI 정보를 알아야 합니다. 다음과 같이 메서드와 URI를 조회하는 코드를 추가합니다.

코드 5-2 메서드와 URI 추가

예제 파일 : monolithic.js

```
const http = require('http');
const url = require('url');                    // ❶ url 모듈 로드
const querystring = require('querystring');    // ❷ querystring 모듈 로드

var server = http.createServer((req, res) => {
    var method = req.method;                   // ❸ 메서드를 얻어 옴
    var uri = url.parse(req.url, true);
    var pathname = uri.pathname;               // ❹ URI를 얻어 옴
}).listen(8000);
```

메서드 정보와 URI 정보는 모두 createServer 함수에서 전달되는 req 파라미터로 얻어 올 수 있습니다. 단 URI 정보를 얻으려면 약간의 파싱이 필요한데, Node.js에서 제공하는 url 모듈과 querystring 모듈을 이용해 쉽게 URI 정보를 파싱할 수 있습니다. url과 querystring 모듈을 로드하고(❶, ❷), 클라이언트가 접속하면 req 파라미터에서 method 속성으로 메서드 정보를 얻어 오며(❸), req의 url 속성을 파싱해서 URI 정보를 얻어 옵니다(❹).

HTTP 프로토콜은 메서드에 따라 입력 파라미터를 얻어 오는 방식이 다릅니다. POST와 PUT은 data와 end 이벤트를 이용해 얻어 올 수 있고, GET과 DELETE는 url 모듈의 parse 기능을 이용해 얻어 올 수 있습니다. 다음 코드를 추가해 파라미터를 얻어 옵니다.

---

1 책에서 제공하는 예제 파일은 모두 최종 버전으로 책에 실린 중간 단계의 코드들은 따로 제공하지 않습니다.

예제 파일 : monolithic.js

```javascript
const http = require('http');
const url = require('url');
const querystring = require('querystring');

var server = http.createServer((req, res) => {
    var method = req.method;
    var uri = url.parse(req.url, true);
    var pathname = uri.pathname;

    if (method === "POST" || method === "PUT") {  // ❶ POST와 PUT이면 데이터를 읽음
        var body = "";

        req.on('data', function (data) {
            body += data;
        });
        req.on('end', function () {
            var params;
            // ❷ 헤더 정보가 json이면 처리
            if (req.headers['content-type'] == "application/json") {
                params = JSON.parse(body);
            } else {
                params = querystring.parse(body);
            }

            onRequest(res, method, pathname, params);
        });
    } else {
        // ❸ GET과 DELETE이면 query 정보를 읽음
        onRequest(res, method, pathname, uri.query);
    }
}).listen(8000);

function onRequest(res, method, pathname, params) {
    res.end("response!");  // ❹ 모든 요청에 "response!" 메시지를 보냄
}
```

POST와 PUT일 경우 req의 data와 end 이벤트를 이용해 파라미터를 얻어 옵니다(❶). 이때 헤더 정보가 JSON이면 JSON 포맷에 맞게 파싱하고, 그렇지 않으면 키-값 형식으로 파싱해 params 변수에 담습니다(❷). GET과 DELETE이면 url 모듈을 이용해 파싱한 결과의 query 정보를 params에 담습니다(❸).

획득한 정보를 파라미터로 갖는 onRequest 함수를 만들어 모든 메서드의 호출을 한곳에서 처리하도록 했습니다. 이때 임시로 "response!" 메시지가 응답하게 합니다(❹).

monolithic.js 파일이 있는 위치에서 monolithic.js 파일을 실행하면[2] 모든 메서드와 URI에서 "response!"라는 응답을 받을 수 있습니다.

```
> node monolithic.js
```

▼ 그림 5-2 결과

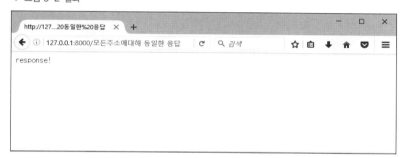

이제 전체 구조가 완성되었으니 메서드와 URI별로 각 기능을 매칭합니다. 다음 코드를 추가합니다.

코드 5-4 기능별 모듈 호출

예제 파일 : monolithic.js

```
......
const querystring = require('querystring');

const members = require('./monolithic_members.js');        // ❶ 모듈들 로드
const goods = require('./monolithic_goods.js');
```

---

2 책의 예제 파일은 최종 버전만 제공하므로 예제 파일에 있는 monolithic.js를 실행하면 에러가 발생합니다. 이 부분까지 작성한 코드를 monolithic-1.js 파일로 제공하므로 직접 코드를 작성하지 않았다면 monolithic.js 대신 monolithic-1.js 파일을 실행하세요.

```javascript
const purchases = require('./monolithic_purchases.js');

......

function onRequest(res, method, pathname, params) {            // ❷ 기능별로 호출

    switch (pathname) {
        case "/members":
            members.onRequest(res, method, pathname, params, response);
            break;
        case "/goods":
            goods.onRequest(res, method, pathname, params, response);
            break;
        case "/purchases":
            purchases.onRequest(res, method, pathname, params, response);
            break;
        default:
            res.writeHead(404);
            return res.end();   // ❸ 정의되지 않은 요청에 404 에러 리턴
    }
}

function response(res, packet) {                               // ❹ JSON 형식의 응답
    res.writeHead(200, { 'Content-Type': 'application/json' });
    res.end(JSON.stringify(packet));
}
```

앞으로 만들 상품 관리(monolithic_goods.js), 회원 관리(monolithic_members.js), 구매 관리(monolithic_purchases.js) 모듈을 로드하고(❶), URI별로 해당 모듈을 호출합니다(❷). 정의하지 않은 URI라면 HTTP 프로토콜에서 정의한 404 코드를 응답하도록 합니다(❸). 각 모듈에서 처리가 완료되면 response 함수를 호출하고, 모듈에서 콜백이 오면 모든 요청에 동일한 응답을 하던 response 함수를 JSON 형식으로 변환해 응답합니다(❹).

Note ☰ **HTTP 프로토콜에서 사용하는 주요 상태 코드**

▼ 표 5-1 상태 코드

상태 코드	의미	상태 코드	의미
200	정상 처리	404	찾을 수 없음
400	잘못된 요청	500	내부 서버 에러
401	권한 없음		

I/O를 담당하는 코드를 모두 완성했습니다. 전체 코드는 다음과 같습니다.

예제 파일 : monolithic.js

```javascript
const http = require('http');
const url = require('url');
const querystring = require('querystring');

const members = require('./monolithic_members.js');
const goods = require('./monolithic_goods.js');
const purchases = require('./monolithic_purchases.js');

/**
 * HTTP 서버를 만들고 요청 처리
 */
var server = http.createServer((req, res) => {
    var method = req.method;
    var uri = url.parse(req.url, true);
    var pathname = uri.pathname;

    if (method === "POST" || method === "PUT") {
        var body = "";

        req.on('data', function (data) {
            body += data;
        });
        req.on('end', function () {
            var params;
            if (req.headers['content-type'] == "application/json") {
                params = JSON.parse(body);
            } else {
                params = querystring.parse(body);
            }

            onRequest(res, method, pathname, params);
        });
    } else {
        onRequest(res, method, pathname, uri.query);
    }
}).listen(8000);

/**
 * 요청에 대해 회원 관리, 상품 관리, 구매 관리 모듈별로 분기
```

```
 * @param res        response 객체
 * @param method      메서드
 * @param pathname    URI
 * @param params      입력 파라미터
 */
function onRequest(res, method, pathname, params) {

    switch (pathname) {
        case "/members":
            members.onRequest(res, method, pathname, params, response);
            break;
        case "/goods":
            goods.onRequest(res, method, pathname, params, response);
            break;
        case "/purchases":
            purchases.onRequest(res, method, pathname, params, response);
            break;
        default:
            res.writeHead(404);
            return res.end();
    }
}


/**
 * HTTP 헤더에 JSON 형식으로 응답
 * @param res        response 객체
 * @param packet     결과 파라미터
 */
function response(res, packet) {
    res.writeHead(200, { 'Content-Type': 'application/json' });
    res.end(JSON.stringify(packet));
}
```

다른 부분들도 완성해야 하므로 아직은 실행하지 않습니다.

```
        connection.connect();
        connection.query("select * from goods", (error, results, fields) => {
            if (error || results.length == 0) {
                response.errorcode = 1;
                response.errormessage = error ? error : "no data";
            } else {
                response.results = results;
            }
            cb(response);
        });
        connection.end();
}

/**
 * 상품 삭제 기능
 * @param method    메서드
 * @param pathname  URI
 * @param params    입력 파라미터
 * @param cb        콜백
 */
function unregister(method, pathname, params, cb) {
    var response = {
        key: params.key,
        errorcode: 0,
        errormessage: "success"
    };

    if (params.id == null) {
        response.errorcode = 1;
        response.errormessage = "Invalid Parameters";
        cb(response);
    } else {
        var connection = mysql.createConnection(conn);
        connection.connect();
        connection.query("delete from goods where id = ?"
            , [params.id]
            , (error, results, fields) => {
                if (error) {
                    response.errorcode = 1;
                    response.errormessage = error;
                }
                cb(response);
        });
        connection.end();
    }
}
```

5.5.2 회원 관리 기능 만들기

회원 관리에 필요한 기능을 추가하겠습니다. monolithic_members.js 파일에서 기존 코드에 다음 register 함수를 추가하고, 앞과 동일한 패턴으로 코드도 추가합니다.

코드 5-16 회원 등록

예제 파일 : monolithic_members.js

```javascript
const mysql = require('mysql');
const conn = {
    host: 'localhost',
    user: 'micro',
    password: 'service',
    database: 'monolithic'
};

......

function register(method, pathname, params, cb) {
    var response = {
        key: params.key,
        errorcode: 0,
        errormessage: "success"
    };

    if (params.username == null || params.password == null) {
        response.errorcode = 1;
        response.errormessage = "Invalid Parameters";
        cb(response);
    } else {
        var connection = mysql.createConnection(conn);
        connection.connect();
        connection.query("insert into members(username, password)
                    values('" + params.username + "', password('" +
                    params.password + "'));", (error, results, fields) => {
            if (error) {
                response.errorcode = 1;
                response.errormessage = error;
            }
            cb(response);
        });
        connection.end();
    }
}
```

회원 인증의 경우 패스워드가 맞지 않으면 "invalid password"라는 에러 메시지를 리턴하게 합니다.

코드 5-17 회원 인증

예제 파일 : monolithic_members.js

```javascript
......

function inquiry(method, pathname, params, cb) {
    var response = {
        key: params.key,
        errorcode: 0,
        errormessage: "success"
    };

    if (params.username == null || params.password == null) {
        response.errorcode = 1;
        response.errormessage = "Invalid Parameters";
        cb(response);
    } else {
        var connection = mysql.createConnection(conn);
        connection.connect();
        connection.query("select id from members where username = '" +
                        params.username + "' and password = password('" +
                        params.password + "');", (error, results, fields) => {
            if (error || results.length == 0) {
                response.errorcode = 1;
                response.errormessage = error ? error : "invalid password";
            } else {
                response.userid = results[0].id;
            }
            cb(response);
        });
        connection.end();
    }
}
```

회원 탈퇴도 상품 삭제와 동일한 패턴으로 코드를 추가합니다.

코드 5-18 회원 탈퇴

예제 파일 : monolithic_members.js

```javascript
......

function unregister(method, pathname, params, cb) {
    var response = {
```

```
            key: params.key,
            errorcode: 0,
            errormessage: "success"
    };

    if (params.username == null) {
        response.errorcode = 1;
        response.errormessage = "Invalid Parameters";
        cb(response);
    } else {
        var connection = mysql.createConnection(conn);
        connection.connect();
        connection.query("delete from members where username = '" + params.username +
                        "';", (error, results, fields) => {
            if (error) {
                response.errorcode = 1;
                response.errormessage = error;
            }
            cb(response);
        });
        connection.end();
    }
}
```

회원 관리에 필요한 기능을 모두 구현했습니다. 다음은 monolithic_members.js 파일의 전체
코드입니다.

코드 5-19 monolithic_members.js 전체 코드

예제 파일 : monolithic_members.js

```
const mysql = require('mysql');
const conn = {
    host: 'localhost',
    user: 'micro',
    password: 'service',
    database: 'monolithic'
};

/**
 *  회원 관리의 각 기능별로 분기
 */
exports.onRequest = function (res, method, pathname, params, cb) {

    switch (method) {
```

```
        case "POST":
            return register(method, pathname, params, (response) => {
                        process.nextTick(cb, res, response); });
        case "GET":
            return inquiry(method, pathname, params, (response) => {
                        process.nextTick(cb, res, response); });
        case "DELETE":
            return unregister(method, pathname, params, (response) => {
                        process.nextTick(cb, res, response); });
        default:
            return process.nextTick(cb, res, null);
    }
}

/**
 * 회원 등록 기능
 * @param method     메서드
 * @param pathname   URI
 * @param params     입력 파라미터
 * @param cb         콜백
 */
function register(method, pathname, params, cb) {
    var response = {
        key: params.key,
        errorcode: 0,
        errormessage: "success"
    };

    if (params.username == null || params.password == null) {
        response.errorcode = 1;
        response.errormessage = "Invalid Parameters";
        cb(response);
    } else {
        var connection = mysql.createConnection(conn);
        connection.connect();
        connection.query("insert into members(username, password) values('" +
                    params.username + "', password('" + params.password +
                    "'));", (error, results, fields) => {
            if (error) {
                response.errorcode = 1;
                response.errormessage = error;
            }
            cb(response);
        });
        connection.end();
```

```
        }
}

/**
 * 회원 인증 기능
 * @param method      메서드
 * @param pathname  URI
 * @param params      입력 파라미터
 * @param cb            콜백
 */
function inquiry(method, pathname, params, cb) {
    var response = {
        key: params.key,
        errorcode: 0,
        errormessage: "success"
    };

    if (params.username == null ¦¦ params.password == null) {

        response.errorcode = 1;
        response.errormessage = "Invalid Parameters";
        cb(response);
    } else {
        var connection = mysql.createConnection(conn);
        connection.connect();
        connection.query("select id from members where username = '" +
                        params.username + "' and password = password('" +
                        params.password + "');", (error, results, fields) => {
            if (error ¦¦ results.length == 0) {
                response.errorcode = 1;
                response.errormessage = error ? error : "invalid password";
            } else {
                response.userid = results[0].id;
            }
            cb(response);
        });
        connection.end();
    }
}

/**
 * 회원 탈퇴 기능
 * @param method      메서드
 * @param pathname  URI
 * @param params      입력 파라미터
```

```
 * @param cb          콜백
 */
function unregister(method, pathname, params, cb) {
    var response = {
        key: params.key,
        errorcode: 0,
        errormessage: "success"
    };

    if (params.username == null) {
        response.errorcode = 1;
        response.errormessage = "Invalid Parameters";
        cb(response);
    } else {
        var connection = mysql.createConnection(conn);
        connection.connect();
        connection.query("delete from members where username = '" + params.username +
                        "';", (error, results, fields) => {
            if (error) {
                response.errorcode = 1;
                response.errormessage = error;
            }
            cb(response);
        });
        connection.end();
    }
}
```

5.5.3 구매 관리 기능 만들기

구매 관리 역시 동일한 패턴으로 구매와 구매 내역 조회 코드를 추가합니다.

코드 5-20 구매

예제 파일 : monolithic_purchases.js

```
const mysql = require('mysql');
const conn = {
    host: 'localhost',
    user: 'micro',
    password: 'service',
    database: 'monolithic'
};
```

```
......

function register(method, pathname, params, cb) {
    var response = {
        key: params.key,
        errorcode: 0,
        errormessage: "success"
    };

    if (params.userid == null || params.goodsid == null) {
        response.errorcode = 1;
        response.errormessage = "Invalid Parameters";
        cb(response);
    } else {
        var connection = mysql.createConnection(conn);
        connection.connect();
        connection.query("insert into purchases(userid, goodsid) values(? ,? )"
            , [params.userid, params.goodsid]
            , (error, results, fields) => {
                if (error) {
                    response.errorcode = 1;
                    response.errormessage = error;
                }
                cb(response);
            });
        connection.end();
    }
}
```

코드 5-21 구매 내역 조회

예제 파일 : monolithic_purchases.js

```
......

function inquiry(method, pathname, params, cb) {
    var response = {
        key: params.key,
        errorcode: 0,
        errormessage: "success"
    };

    if (params.userid == null) {
        response.errorcode = 1;
        response.errormessage = "Invalid Parameters";
        cb(response);
    } else {
```

```
        var connection = mysql.createConnection(conn);
        connection.connect();
        connection.query("select id, goodsid, date from purchases where userid = ?"
            , [params.userid]
            , (error, results, fields) => {
                if (error) {
                    response.errorcode = 1;
                    response.errormessage = error;
                } else {
                    response.results = results;
                }
                cb(response);
            });
        connection.end();
    }
}
```

다음은 구매 관리를 담당하는 monolithic_purchases.js 파일의 전체 코드입니다.

코드 5-22 monolithic_purchases.js 전체 코드

```
const mysql = require('mysql');
const conn = {
    host: 'localhost',
    user: 'micro',
    password: 'service',
    database: 'monolithic'
};


/*
 * 구매 관리의 각 기능별로 분기
 */
exports.onRequest = function (res, method, pathname, params, cb) {

    switch (method) {
        case "POST":
            return register(method, pathname, params, (response) => {
                        process.nextTick(cb, res, response); });
        case "GET":
            return inquiry(method, pathname, params, (response) => {
                        process.nextTick(cb, res, response); });
        default:
            return process.nextTick(cb, res, null);
    }
}
```

```
/**
 * 구매 기능
 * @param method    메서드
 * @param pathname  URI
 * @param params    입력 파라미터
 * @param cb        콜백
 */
function register(method, pathname, params, cb) {
    var response = {
        key: params.key,
        errorcode: 0,
        errormessage: "success"
    };

    if (params.userid == null ¦¦ params.goodsid == null) {
        response.errorcode = 1;
        response.errormessage = "Invalid Parameters";
        cb(response);
    } else {
        var connection = mysql.createConnection(conn);
        connection.connect();
        connection.query("insert into purchases(userid, goodsid) values(? ,? )"
            , [params.userid, params.goodsid]
            , (error, results, fields) => {
                if (error) {
                    response.errorcode = 1;
                    response.errormessage = error;
                }
                cb(response);
            });
        connection.end();
    }
}

/**
 * 구매 내역 조회 기능
 * @param method    메서드
 * @param pathname  URI
 * @param params    입력 파라미터
 * @param cb        콜백
 */
function inquiry(method, pathname, params, cb) {
    var response = {
        key: params.key,
```

```
        errorcode: 0,
        errormessage: "success"
    };

    if (params.userid == null) {
        response.errorcode = 1;
        response.errormessage = "Invalid Parameters";
        cb(response);
    } else {
        var connection = mysql.createConnection(conn);
        connection.connect();
        connection.query("select id, goodsid, date from purchases where userid = ?"
            , [params.userid]
            , (error, results, fields) => {
                if (error) {
                    response.errorcode = 1;
                    response.errormessage = error;
                } else {
                    response.results = results;
                }
                cb(response);
            });
        connection.end();
    }
}
```

5.6 테스트

서비스에 필요한 모든 기능을 구현했습니다. monolithic.js 파일을 실행하면 서버가 실행됩니다. monolithic.js 파일이 위치한 경로에서 서버를 실행합니다.

```
> node monolithic.js
```

화면에 출력하는 부분을 구현하지 않았기 때문에 서버가 실행되어도 별다른 메시지가 출력되지 않습니다.

API가 정상적으로 동작하는지 테스트하려면 테스트 툴이 필요합니다. 일반적으로 많이 쓰는 cURL이나 여러 HTTP 클라이언트를 사용할 수도 있고, Node.js를 이용해 직접 테스트 툴을 만들 수도 있습니다. 간단한 테스트 툴을 만들어 정상적으로 호출되는지 확인해 보겠습니다.

3.3.2절에서 다룬 내용을 참고해 HTTP 클라이언트를 만듭니다.

코드 5-23 HTTP 클라이언트

예제 파일 : test.js

```
const http = require('http');

var options = {
    host: "127.0.0.1",
    port: 8000,
    headers: {                              // ❶ JSON 형식의 헤더 정보
        'Content-Type': 'application/json'
    }
};

function request(cb, params) {
    var req = http.request(options, (res) => {
        var data = "";
        res.on('data', (chunk) => {
            data += chunk;
        });

        res.on('end', () => {
            console.log(options, data);
            cb();                           // ❷ cb : 통신 완료 후 콜백을 알려 줌
        });
    });

    if (params) {
        req.write(JSON.stringify(params));  // ❸ POST, PUT이면 스트링 형식으로 전송
    }

    req.end();
}
```

options에 접속 정보와 서버에 JSON 형식으로 데이터를 전송하겠다는 헤더 정보를 지정합니다 (❶). HTTP 통신을 담당하는 request 함수에 통신을 완료한 후 cb로 콜백을 호출하고(❷), POST 와 PUT 메서드면 params 파라미터를 이용해 JSON을 스트링 형식으로 변환해서 전송하도록 합니다(❸).

상품 관리, 회원 관리, 구매 관리별로 임의의 파라미터를 설정해 전체 API가 호출되게 했습니다.

코드 5-24 테스트 툴 전체 코드

예제 파일 : test.js

```javascript
const http = require('http');

var options = {
    host: "127.0.0.1",
    port: 8000,
    headers: {
        'Content-Type': 'application/json'
    }
};

function request(cb, params) {
    var req = http.request(options, (res) => {
        var data = "";
        res.on('data', (chunk) => {
            data += chunk;
        });

        res.on('end', () => {
            console.log(options, data);
            cb();
        });
    });

    if (params) {
        req.write(JSON.stringify(params));
    }

    req.end();
}

/**
 * 상품 관리 API 테스트
 */
function goods(callback) {
    goods_post(() => {
        goods_get(() => {
            goods_delete(callback);
        });
    });

    function goods_post(cb) {
        options.method = "POST";
```

```
            options.path = "/goods";
            request(cb, {
                name: "test Goods",
                category: "tests",
                price: 1000,
                description: "test"
            });
        }

        function goods_get(cb) {
            options.method = "GET";
            options.path = "/goods";
            request(cb);
        }

        function goods_delete(cb) {
            options.method = "DELETE";
            options.path = "/goods?id=1";
            request(cb);
        }
    }

/**
 * 회원 관리 API 테스트
 */
function members(callback) {
    members_delete(() => {
        members_post(() => {
            members_get(callback);
        });
    });

        function members_post(cb) {
            options.method = "POST";
            options.path = "/members";
            request(cb, {
                username: "test_account",
                password: "1234",
                passwordConfirm: "1234"
            });
        }

        function members_get(cb) {
            options.method = "GET";
            options.path = "/members?username=test_account&password=1234";
            request(cb);
```

```
    }

    function members_delete(cb) {
        options.method = "DELETE";
        options.path = "/members?username=test_account";
        request(cb);
    }
}

/**
 * 구매 관리 API 테스트
 */
function purchases(callback) {
    purchases_post(() => {
        purchases_get(() => {
            callback();
        });
    });

    function purchases_post(cb) {
        options.method = "POST";
        options.path = "/purchases";
        request(cb, {
            userid: 1,
            goodsid: 1
        });
    }

    function purchases_get(cb) {
        options.method = "GET";
        options.path = "/purchases?userid=1";
        request(cb);
    }
}

console.log("============================ members ============================");
members(() => {
    console.log("============================ goods ============================");
    goods(() => {
        console.log("============================ purchases ======================");
        purchases(() => {
            console.log("done");
        });
    });
});
```

새 명령 프롬프트를 하나 더 열어 test.js 파일을 실행합니다.

```
> node test.js
============================= members =============================
{ host: '127.0.0.1',
  port: 8000,
  headers: { 'Content-Type': 'application/json' },
  method: 'DELETE',
  path: '/members?username=test_account' } '{"errorcode":0,"errormessage":"success"}'
{ host: '127.0.0.1',
  port: 8000,
  headers: { 'Content-Type': 'application/json' },
  method: 'POST',
  path: '/members' } '{"errorcode":0,"errormessage":"success"}'
{ host: '127.0.0.1',
  port: 8000,
  headers: { 'Content-Type': 'application/json' },
  method: 'GET',
  path: '/members?username=test_account&password=1234' } '{"errorcode":0,"errormessage":
"success","userid":3}'
============================= goods =============================
{ host: '127.0.0.1',
  port: 8000,
  headers: { 'Content-Type': 'application/json' },
  method: 'POST',
  path: '/goods' } '{"errorcode":0,"errormessage":"success"}'
{ host: '127.0.0.1',
  port: 8000,
  headers: { 'Content-Type': 'application/json' },
  method: 'GET',
  path: '/goods' } '{"errorcode":0,"errormessage":"success","results":[{"id":2,
"name":"test Goods","category":"tests","price":1000,"description":"test"},{"id":3,
"name":"test Goods","category":"tests","price":1000,"description":"test"}]}'
{ host: '127.0.0.1',
  port: 8000,
  headers: { 'Content-Type': 'application/json' },
  method: 'DELETE',
  path: '/goods?id=1' } '{"errorcode":0,"errormessage":"success"}'
============================= purchases =============================
{ host: '127.0.0.1',
  port: 8000,
  headers: { 'Content-Type': 'application/json' },
  method: 'POST',
  path: '/purchases' } '{"errorcode":0,"errormessage":"success"}'
{ host: '127.0.0.1',
```

```
    port: 8000,
    headers: { 'Content-Type': 'application/json' },
    method: 'GET',
    path: '/purchases?userid=1' } '{"errorcode":0,"errormessage":"success","results":
[{"id":1,"goodsid":1,"date":"2017-05-10T09:34:17.000Z"},{"id":2,"goodsid":1,"date":
"2017-05-10T09:34:32.000Z"},{"id":3,"goodsid":1,"date":"2017-05-10T09:36:25.000Z"},{
"id":4,"goodsid":1,"date":"2017-05-10T10:12:06.000Z"},{"id":5,"goodsid":1,"date":"2017-
05-10T10:12:32.000Z"},{"id":6,"goodsid":1,"date":"2017-05-10T10:13:31.000Z"},{"id":7,
"goodsid":1,"date":"2017-05-10T10:17:35.000Z"},{"id":8,"goodsid":1,"date":"2017-05-11T03
:12:14.000Z"},{"id":9,"goodsid":1,"date":"2017-05-11T07:26:09.000Z"},{"id":10,"goodsid"
:1,"date":"2017-05-19T09:18:46.000Z"},{"id":11,"goodsid":1,"date":"2017-05-19T09:19:
19T09:19:13.000Z"},{"id":12,"goodsid":1,"date":"2017-05-22T10:14:04.000Z"}]}'
done
```

Node.js를 이용해 모놀리식 아키텍처 서비스를 만들고 정상적으로 동작하는지 확인했습니다. 다음 장에서는 본격적으로 마이크로서비스를 구현하고, 구현에 필요한 개념들과 구현 과정을 알아보겠습니다.

5.7 정리

파일 하나로 API 서버를 만들어 비즈니스 로직과 I/O 처리 기능을 분리하고, 상품 관리, 회원 관리, 구매 관리 모듈을 별도 파일로 구성한다.

- Node.js의 http 모듈을 이용해 REST API 서버를 만든다.
- npm을 이용해 확장 모듈을 설치하고 MariaDB와 연동한다.
- 상품 관리 모듈, 회원 관리 모듈, 구매 관리 모듈을 만들고 기능을 완성한다.
- http 모듈을 이용해 간단한 테스트 툴을 만들어 테스트한다.

3부

마이크로서비스 만들기

6^장

모놀리식에서
마이크로서비스로 :
분산 아키텍처

이 장에서는 마이크로서비스 아키텍처의 기본이 되는 분산 처리의 기본 개념
을 이해하고, Node.js를 이용해 분산 시스템을 구현합니다.

6.1 마이크로서비스와 분산 아키텍처

지금까지 Node.js를 이용해 간단한 e-commerce 서비스를 만들어 보았습니다. 모든 요구 사항을 충족했음에도 시간이 흐를수록 기능은 복잡해지고 처리해야 할 용량은 증가할 것입니다. 초기에는 소수 인원으로 구현할 수 있었지만, 점차 많은 인원이 필요할 것이고 많은 인원이 복잡한 시스템을 유지 보수하는 과정에서 다양한 문제점도 발생할 것입니다. 기업에서는 이렇게 발생한 다양한 문제점을 줄이려고 빠른 개발보다는 안정적인 개발을 추구하려고 할 텐데, 그러면서 서비스 업데이트 주기는 느려질 것입니다. 결국 기존 시스템이 새로운 서비스의 방해 요소가 될 것입니다.

실제로 적은 인원의 스타트업 기업보다 풍부한 인력을 보유한 대기업의 업데이트 주기가 오히려 더 느린 경향이 있습니다. 이러한 문제점의 근본 원인은 무엇일까요? 바로 모놀리식 아키텍처가 지닌 한계 때문입니다. 그럼 마이크로서비스 아키텍처가 이러한 문제점을 어떻게 해결할 수 있는지 알아보겠습니다.

▼ 그림 6-1 모놀리식 아키텍처와 마이크로서비스 아키텍처

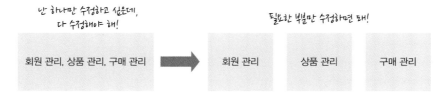

마이크로서비스 아키텍처는 기본적으로 분산 아키텍처입니다. 분산 처리를 하면 흔히 부하 분산을 먼저 떠올립니다. 서비스 초기에는 "우리 서비스는 아직 사용자가 많지 않으니 분산 아키텍처는 필요 없어."라고 생각하기 쉽습니다. 그러나 하드웨어 결함, 네트워크 문제, 버그, 운영상의 실수 등 부하 문제 외에도 다양한 이유로 프로세스는 언제든지 종료될 수 있습니다.

모놀리식 아키텍처는 모든 기능을 프로세스 하나로 구성하기 때문에 이러한 장애 상황에 매우 취약하고, 장애가 발생하면 전체 서비스가 중단되기 때문에 피해 또한 심각합니다. 아키텍처를 변경하는 작업은 기술적으로 어렵고 신중하게 해야 합니다. 그래서 네트워크 스위치 장비 등을 이용해 모놀리식 아키텍처는 그대로 유지하면서 이중화를 구성하는 방식을 많이 사용합니다. 하지만 이 방식은 비용이 많이 발생하고 효율적이지 못하다는 단점이 있습니다. 먼저 소프트웨어 수준의 분산 처리 방법을 알아보고, 마이크로서비스 아키텍처에 적용하는 방법도 살펴보겠습니다.

6.2 토폴로지의 이해

분산 아키텍처를 구성하려면 시스템 간 네트워크를 어떻게 연결할지부터 고민해야 하기에 먼저
토폴로지부터 이해해야 합니다. 토폴로지는 컴퓨터 네트워크를 구성할 때 링크, 노드 등을 이용해
물리적으로 연결하는 방식을 의미합니다. 토폴로지에는 버스형, 트리형, 링형, 성형, 망형이 있습
니다. 토폴로지를 간략히 알아보겠습니다.

6.2.1 버스형

버스형(bus)은 전체 노드가 하나의 공통 연결선에 연결된 구조입니다. 버스만 안정적이라면 노드
간 간섭이 없어 안정적이고, 노드 추가 · 삭제가 매우 쉽습니다. 하지만 공통 연결선인 버스에 부
하가 발생하면 전체 성능이 저하되는 단점이 있습니다.

❤ 그림 6-2 버스형

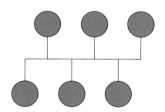

6.2.2 트리형

트리형(tree)은 여러 버스 토폴로지를 결합한 구조입니다.

❤ 그림 6-3 트리형

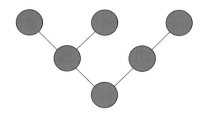

6.2.3 링형

링형(ring)은 부하가 집중되는 노드가 없어 병목이 발생하지 않으나, 한 노드의 장애가 전체 장애로 이어지는 단점이 있습니다.

▼ 그림 6-4 링형

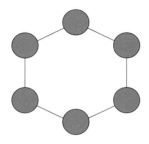

6.2.4 성형

성형(star)은 중앙 집중식으로 노드 확장이 쉬우나, 노드 수가 증가할수록 효율이 떨어지는 단점이 있습니다.

▼ 그림 6-5 성형

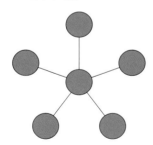

6.2.5 망형

망형(mesh)은 그물 모양으로 각 노드를 1:1로 연결하는 구조입니다. 장애에 가장 안정적이지만 구현이 어렵다는 단점이 있습니다.

▼ 그림 6-6 망형

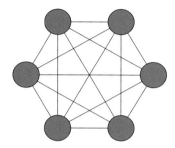

토폴로지 개념과 모델을 간략하게 알아보았습니다. 이제 Node.js를 이용해 장애에 가장 안정적인 망형 토폴로지를 소프트웨어적으로 구현하는 방법을 알아보겠습니다.

6.3 분산 시스템 만들기

망형 토폴로지를 소프트웨어적으로 구현하려면 노드들의 위치와 접속 가능 상태를 알아야 합니다. 어떻게 하면 모든 노드의 상태 정보를 알 수 있을까요?

가장 간단한 방법은 모든 노드가 알고 있는 위치에 자신의 정보를 저장하는 것입니다. 모든 노드가 접속할 수 있는 서버에 자신의 정보를 저장하고, 저장된 모든 정보를 조회하면 분산 환경에서 원하는 노드에 접속할 수 있습니다.

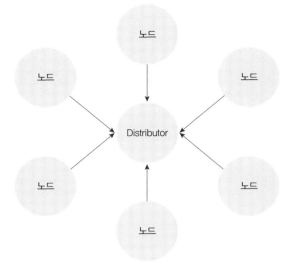

▼ 그림 6-7 망형 토폴로지를 이용한 분산 구조

모든 노드가 접속해 자신의 상태를 저장할 수 있는 서버를 만들어 보겠습니다. 이름은 Distributor로 설정합니다.

안정적으로 분산 처리를 하려면 Distributor의 다음 세 가지 상태를 고려해야 합니다. 서비스 중 Distributor에 문제가 발생해도 마이크로서비스는 안정적으로 동작하도록 하는 것이 가장 중요합니다.

1. Distributor가 실행되지 않았을 때도 노드들은 Distributor에 주기적으로 접속을 시도해야 합니다.

2. 노드가 Distributor에 접속하거나 접속이 종료되었을 때 Distributor는 이를 인지하고, 다른 노드에 이 사실을 전파해야 합니다.

3. Distributor가 종료되어도 각 노드는 알고 있는 정보를 이용해 노드 간 접속 상태를 유지해야 하며, 1 상태로 되돌아가 Distributor에 다시 접속될 때까지 주기적으로 접속을 시도해야 합니다.

앞에서 HTTP 서버와 TCP 서버를 만들었습니다. Distributor는 둘 중 어떤 타입으로 만드는 것이 더 좋을까요? 노드들의 접속 상태를 알려면 접속 종료 이벤트를 인지할 수 있는 TCP 서버로 만드는 것이 더 유리합니다.

Distributor 입장에서 각 노드는 클라이언트이지만, 요청을 처리하는 서버가 되기도 합니다. 생산성을 높일 수 있도록 Distributor와 각 노드에서 공통으로 사용할 Client와 Server 클래스를 만들고, 이 클래스를 상속받아 구현해 보겠습니다.

6.3.1 Client 클래스 만들기

ES6에서 추가된 클래스를 이용해 Client 클래스를 만들어 보겠습니다.

Client 클래스는 클라이언트의 기본 기능인 '접속', '데이터 수신', '데이터 발송' 세 가지 기능으로 구성합니다. 자식 클래스에서는 접속(connect)과 데이터 발송(write) 함수에만 접근할 수 있고, 데이터 수신은 수신을 완료하면 생성자에서 전달한 함수로 콜백 호출되도록 합니다.

▼ 그림 6-8 Client 클래스 다이어그램

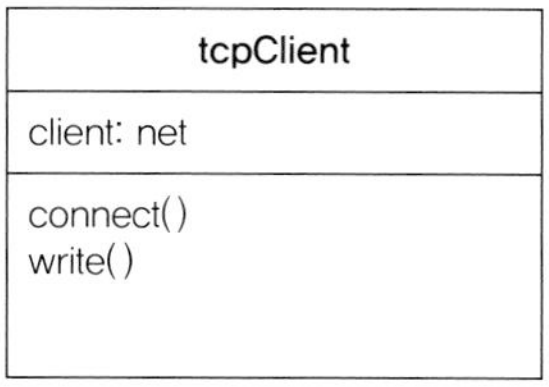

tcpClient
client: net
connect( ) write( )

다음과 같이 코드를 작성합니다.

코드 6-1 Client 클래스 만들기

예제 파일 : client.js

```
'use strict';                                          // ❶ Strict 모드 사용

const net = require('net');

class tcpClient {                                      // ❷ 클래스 선언
    constructor(host, port, onCreate, onRead, onEnd, onError) {  // ❸ 생성자
        this.options = {
            host: host,
            port: port
        };
        this.onCreate = onCreate;
        this.onRead = onRead;
        this.onEnd = onEnd;
        this.onError = onError;
```

```
        }
}

module.exports = tcpClient;                                    // ❹ exports 선언
```

C++나 자바 같은 언어들은 컴파일 과정에서 잘못 작성한 코드의 기초적인 문제점들을 잘 잡아냅니다. 하지만 자바스크립트는 잘못된 부분이 있어도 일단 실행했다가 문제가 되는 코드가 동작할 때 프로세스를 종료해 버립니다. 이때 use strict 키워드를 사용하면 문법에 기초적인 실수가 있을 때, 실행 시점에 에러를 표시합니다(❶). class 키워드를 이용해 tcpClient 클래스를 선언합니다(❷). constructor 키워드를 이용해 생성자를 선언할 수 있는데, 접속 정보, 접속 완료, 데이터 수신, 접속 종료, 에러 발생 이벤트가 생길 때 콜백될 함수들을 파라미터로 선언합니다(❸). 외부에서 참조할 수 있도록 exports합니다(❹).

코드 6-2 Client 접속 처리

예제 파일 : client.js

```
'use strict';

const net = require('net');

class tcpClient {
    constructor(host, port, onCreate, onRead, onEnd, onError) {
        this.options = {
            host: host,
            port: port
        };
        this.onCreate = onCreate;
        this.onRead = onRead;
        this.onEnd = onEnd;
        this.onError = onError;
    }

    connect() {                                        // ❶ 접속 처리 함수
        this.client = net.connect(this.options, () => {
            if (this.onCreate)
                this.onCreate(this.options);           // ❷ 접속 완료 이벤트 콜백
        });

        this.client.on('data', (data) => {             // ❸ 데이터 수신 처리
            var sz = this.merge ? this.merge + data.toString() : data.toString();
            var arr = sz.split('¶');
            for (var n in arr) {
```

```
            if (sz.charAt(sz.length - 1) != '¶' & n == arr.length - 1) {
                this.merge = arr[n];
                break;
            } else if (arr[n] == "") {
                break;
            } else {
                this.onRead(this.options, JSON.parse(arr[n]));
            }
        }
    });

    this.client.on('close', () => {                       // ❹ 접속 종료 처리
        if (this.onEnd)
            this.onEnd(this.options);
    });

    this.client.on('error', (err) => {                    // ❺ 에러 발생 처리
        if (this.onError)
            this.onError(this.options, err);
    });
    }
}

module.exports = tcpClient;
```

connect 함수를 만들어 생성자에서 전달받은 접속 정보로 접속하도록 합니다(❶). 서버에 접속되면 생성자에서 전달받은 콜백 함수로 접속 완료 이벤트를 알려 줍니다(❷). 연결된 소켓을 이용해 데이터가 수신되면 데이터 수신을 처리합니다. 이때 모든 패킷은 JSON 형태로 구성하고 마지막에 ¶ 문자를 붙이도록 정의했습니다. 마지막에 ¶ 문자를 붙인 이유는 TCP 통신의 특성상 한 번 수신할 때 여러 패킷을 합쳐서 수신할 수 있기 때문에 패킷별로 구분해서 처리하기 위해서입니다(❸). 접속 처리와 동일한 패턴으로 접속 종료(❹)와 에러 발생 이벤트도 처리합니다(❺).

마지막으로 데이터 발송 기능을 다음과 같이 추가합니다.

코드 6-3 Client 데이터 발송

예제 파일 : client.js

```
......
    this.client.on('error', (err) => {
        if (this.onError)
            this.onError(this.options, err);
    });
    }
```

```javascript
    write(packet) {
        this.client.write(JSON.stringify(packet) + '¶');
    }
}

module.exports = tcpClient;
```

전체 코드는 다음과 같습니다.

코드 6-4 Client 클래스 전체 코드

예제 파일 : client.js

```javascript
'use strict';

const net = require('net');
/*
 * tcpclient 클래스
 */
class tcpClient {
    /*
     * 생성자
     */
    constructor(host, port, onCreate, onRead, onEnd, onError) {
        this.options = {
            host: host,
            port: port
        };
        this.onCreate = onCreate;
        this.onRead = onRead;
        this.onEnd = onEnd;
        this.onError = onError;
    }

    /*
     * 접속 함수
     */
    connect() {
        this.client = net.connect(this.options, () => {
            if (this.onCreate)
                this.onCreate(this.options);
        });
        // 데이터 수신 처리
        this.client.on('data', (data) => {
            var sz = this.merge ? this.merge + data.toString() : data.toString();
            var arr = sz.split('¶');
```

```
            for (var n in arr) {
                if (sz.charAt(sz.length - 1) != '¶' && n == arr.length - 1) {
                    this.merge = arr[n];
                    break;
                } else if (arr[n] == "") {
                    break;
                } else {
                    this.onRead(this.options, JSON.parse(arr[n]));
                }
            }
        });

        // 접속 종료 처리
        this.client.on('close', () => {
            if (this.onEnd)
                this.onEnd(this.options);
        });

        // 에러 처리
        this.client.on('error', (err) => {
            if (this.onError)
                this.onError(this.options, err);
        });
    }

/*
 * 데이터 발송
 */
    write(packet) {
        this.client.write(JSON.stringify(packet) + '¶');
    }
}

module.exports = tcpClient;
```

6.3.2 Server 클래스 만들기

서버 역할을 하는 클래스를 만들겠습니다. 서버의 기본 기능인 리슨, 데이터 수신, 클라이언트 접속 관리 외에 앞에서 만든 클라이언트 클래스(tcpClient)를 이용해 Distributor에 주기적으로 접속을 시도하는 기능(connectToDistributor)을 만듭니다.

❤ 그림 6-9 Server 클래스 다이어그램

```
                  tcpServer
  tcpClient: tcpClient
  server: net


  connectToDistributor( )
```

다음과 같이 코드를 작성합니다.

코드 6-5 Server 클래스 만들기

예제 파일 : server.js

```javascript
'use strict';

const net = require('net');
const tcpClient = require('./client.js');    // ❶ Client 클래스 참조

class tcpServer {                            // ❷ 클래스 선언
}

module.exports = tcpServer;                  // ❸ exports 선언
```

앞에서 만든 Client 클래스를 참조하고(❶) tcpServer 클래스를 선언합니다(❷). 외부에서 참조할 수 있도록 exports합니다(❸).

서버의 기본 기능인 리슨, 데이터 수신, 클라이언트 접속 관리 기능을 추가합니다.

코드 6-6 서버 기능 추가

예제 파일 : server.js

```javascript
'use strict';

const net = require('net');
const tcpClient = require('./client.js');

class tcpServer {
    constructor(name, port, urls) {          // ❶ 생성자
        this.context = {                     // ❷ 서버 정보
            port: port,
            name: name,
            urls: urls
```

```
        }
        this.merge = {};

        this.server = net.createServer((socket) => {   // ❸ 서버 생성
            this.onCreate(socket);                      // ❹ 클라이언트 접속 이벤트 처리

            socket.on('error', (exception) => {         // ❺ 에러 이벤트 처리
                this.onClose(socket);
            });
            socket.on('close', () => {                  // ❻ 클라이언트 접속 종료 이벤트 처리
                this.onClose(socket);
            });
            socket.on('data', (data) => {               // ❼ 데이터 수신 처리
                var key = socket.remoteAddress + ":" + socket.remotePort;
                var sz = this.merge[key] ? this.merge[key] + data.toString() :
                        data.toString();
                var arr = sz.split('¶');
                for (var n in arr) {
                    if (sz.charAt(sz.length - 1) != '¶' && n == arr.length - 1) {
                        this.merge[key] = arr[n];
                        break;
                    } else if (arr[n] == "") {
                        break;
                    } else {
                        this.onRead(socket, JSON.parse(arr[n]));
                    }
                }
            });
        });

        this.server.on('error', (err) => {              // ❽ 서버 객체 에러 처리
            console.log(err);
        });

        this.server.listen(port, () => {                // ❾ 리슨
            console.log('listen', this.server.address());
        });
    }

    onCreate(socket) {
        console.log("onCreate", socket.remoteAddress, socket.remotePort);
    }

    onClose(socket) {
        console.log("onClose", socket.remoteAddress, socket.remotePort);
```

```
        }
}

module.exports = tcpServer;
```

생성자 파라미터로 서버명과 리슨 포트, 처리할 주소 목록을 입력받습니다(❶). 처리할 주소 목록
은 이후에 다시 설명하겠습니다. 서버 정보를 저장하고(❷) 서버를 만듭니다(❸). 클라이언트의 상
태에 따라 접속(❹), 에러(❺), 접속 종료(❻) 이벤트를 처리합니다. 아직까지 클라이언트 정보를 활
용할 일이 없으므로 화면에 출력만 하도록 합니다. 클라이언트에서 데이터가 수신되면 클라이언
트 클래스에서 한 것처럼 패킷을 처리합니다(❼).

서버 객체를 생성하는 과정에서 포트 충돌 등으로 에러가 발생할 수 있습니다. 서버 객체에 대한
에러를 처리하고(❽) 생성자 파라미터로 전달받은 포트 정보로 리슨합니다(❾).

기본적인 서버 기능이 완성되었습니다. 이제 Distributor 접속 기능을 추가합니다.

코드 6-7 Distributor 접속 기능

예제 파일 : server.js

```
......
    onClose(socket) {
        console.log("onClose", socket.remoteAddress, socket.remotePort);
    }

    connectToDistributor(host, port, onNoti) {          // ❶ Distributor 접속 함수
        var packet = {                                  // ❷ Distributor에 전달할 패킷 정의
            uri: "/distributes",
            method: "POST",
            key: 0,
            params: this.context
        };
        var isConnectedDistributor = false;             // ❸ Distributor 접속 상태

        this.clientDistributor = new tcpClient(         // ❹ Client 클래스 인스턴스 생성
            host
            , port
            , (options) => {                            // ❺ 접속 이벤트
                isConnectedDistributor = true;
                this.clientDistributor.write(packet);
            }
            , (options, data) => { onNoti(data); }                      // ❻ 데이터 수신 이벤트
            , (options) => { isConnectedDistributor = false; }  // ❼ 접속 종료 이벤트
            , (options) => { isConnectedDistributor = false; }  // ❽ 에러 이벤트
```

▼ 표 6-2 노드 등록 입력 파라미터

파라미터명	의미	타입
port	리슨 포트 정보	Number
name	노드명	String
urls	담당 처리 url 목록	Array[String]

- 리슨하고 있는 포트 정보(port)와 노드명(name), 자신이 처리할 수 있는 URL(urls)로 구성합니다.
- URL은 '메서드 + uri'로 노드를 등록하면 'POST/distributor'로 표현합니다.
- Distributor는 관리하는 노드 정보에 변경이 생기면 접속한 노드들에 새로운 정보를 전파합니다. 따라서 노드 조회 프로토콜은 입력은 없고 결과만 있습니다.

노드 조회 프로토콜의 결과 파라미터는 다음과 같이 노드 등록 입력 파라미터에 host 정보만 추가하며, 접속된 노드를 모두 표현하려고 배열(Array) 형태로 최종 전송합니다.

▼ 표 6-3 노드 조회 결과 파라미터

파라미터명	의미	타입
port	리슨 포트 정보	Number
name	노드명	String
urls	담당 처리 url 목록	Array[String]
host	접속 정보	String

형태를 간략하게 나타내면 다음과 같습니다.

```
[
    {
        "port": "첫 번째 노드의 포트",
        "name": "첫 번째 노드의 이름",
        "urls": [
            "첫 번째 노드의 첫 번째 url",
            "첫 번째 노드의 두 번째 url",
            ......
        ],
        "host": "첫 번째 노드의 host"
    },
```

```
    {
        "port": "두 번째 노드의 포트",
        "name": "두 번째 노드의 이름",
        "urls": [
            "두 번째 노드의 첫 번째 url",
            "두 번째 노드의 두 번째 url",
            ......
        ],
        "host": "두 번째 노드의 host"
    },
    ......
]
```

분산 시스템을 만드는 준비 과정이 모두 끝났습니다. 이제 Distributor를 만들어 봅시다.

6.4 Distributor 만들기

앞에서 만든 클래스를 이용해 Distributor를 만듭니다. 노드가 접속하면 접속한 노드에 현재 접속 중인 다른 노드의 정보를 제공하고, 노드 접속이 종료되면 다른 접속된 노드에 전파하는 기능을 구현합니다.

Distributor는 모든 노드가 접속해 자신의 정보를 저장하므로, Distributor에는 로그 처리 모니터링 등 많은 기능을 추가할 수 있습니다. 이때 내부 구조가 복잡해지지 않도록 주의해야 합니다. 복잡한 구조와 다양한 기능 때문에 버그나 각종 에러 발생에 취약해지면 시스템 전체의 장애로 이어질 수 있습니다.

map 오브젝트를 선언하고 Server 클래스를 상속받아 접속한 클라이언트의 정보를 저장합니다.

코드 6-9 Server 클래스 상속받기

예제 파일 : distributor.js

```
var map = {};
class distributor extends require('./server.js') {  // ❶ Server 클래스 상속
    constructor() {
        // ❷ Server 클래스 생성자 호출
```

```
            super("distributor", 9000, ["POST/distributes", "GET/distributes"]);
    }
}

new distributor();
```

extends 키워드를 이용해 server.js 파일에 있는 Server 클래스를 상속받습니다(❶). 생성자에 이름과 포트 번호, 처리 가능한 프로토콜 정보를 전달합니다(❷).

Distributor가 서버로 실행될 수 있는 기본 정보를 전달했으니 노드 접속 이벤트를 구현하겠습니다.

코드 6-10 접속 이벤트 처리

예제 파일 : distributor.js

```
......
    constructor() {
        super("distributor", 9000, ["POST/distributes", "GET/distributes"]);
    }

    onCreate(socket) {   // ❶ 노드 접속 이벤트 처리
        console.log("onCreate", socket.remoteAddress, socket.remotePort);
        this.sendInfo(socket);
    }

    onClose(socket) {    // ❷ 접속 해제 이벤트 처리
        var key = socket.remoteAddress + ":" + socket.remotePort;
        console.log("onClose", socket.remoteAddress, socket.remotePort);
        delete map[key];
        this.sendInfo();
    }

    write(socket, packet) {
        socket.write(JSON.stringify(packet) + '¶');
    }

    sendInfo(socket) {  // ❸ 노드에 접속 정보 전파
        var packet = {
            uri: "/distributes",
            method: "GET",
            key: 0,
            params: []
        };
```

```
            for (var n in map) {
                packet.params.push(map[n].info);
            }

            if (socket) {
                this.write(socket, packet);
            } else {
                for (var n in map) {
                    this.write(map[n].socket, packet);
                }
            }
        }
    }
}

new distributor();
```

노드가 접속하면 onCreate 함수를 호출합니다(❶). 접속한 노드의 소켓에 현재 접속 중인 노드들의 정보를 보냅니다. 노드가 접속을 종료하면 onClose 함수를 호출합니다(❷). 이때 map 오브젝트에 저장한 해당 노드의 정보를 삭제하고, 접속한 모든 노드에 최신 상태의 정보를 전파합니다(❸).

이제 접속한 노드 정보를 저장하는 기능을 만들어 보겠습니다.

코드 6-11 노드 정보 등록

예제 파일 : distributor.js

```
......
    onClose(socket) {
        var key = socket.remoteAddress + ":" + socket.remotePort;
        console.log("onClose", socket.remoteAddress, socket.remotePort);
        delete map[key];
        this.sendInfo();
    }

    onRead(socket, json) {                                    // ❶ 데이터 수신
        var key = socket.remoteAddress + ":" + socket.remotePort;    // ❷ 키 생성
        console.log("onRead", socket.remoteAddress, socket.remotePort, json);

        if (json.uri == "/distributes" && json.method == "POST") {  // ❸ 노드 정보 등록
            map[key] = {
                socket: socket
            };
            map[key].info = json.params;
```

```
                map[key].info.host = socket.remoteAddress;
                this.sendInfo();                                      // ❹ 접속한 노드에 전파
            }
        }
    write(socket, packet) {
        socket.write(JSON.stringify(packet) + '¶');
    }
......
```

노드에서 데이터를 수신하면 onRead 함수를 호출합니다(❶). 소켓 정보에서 호스트 정보와 포트 정보를 획득해 키를 만들어(❷) map 오브젝트에 저장합니다(❸). 이때 노드에서 전달받은 정보 이외에 호스트 정보도 추가합니다. 저장이 완료되면 접속된 모든 노드에 최신 정보를 전파합니다(❹).

전체 코드는 다음과 같습니다.

코드 6-12 Distributor 전체 코드

예제 파일 : distributor.js

```
'use strict'

/*
 * distributor
 */
// 노드 접속 관리 오브젝트
var map = {};

// Server 클래스 상속
class distributor extends require('./server.js') {
    constructor() {
        super("distributor", 9000, ["POST/distributes", "GET/distributes"]);
    }

    // 접속 노드 이벤트 처리
    onCreate(socket) {
        console.log("onCreate", socket.remoteAddress, socket.remotePort);
        this.sendInfo(socket);
    }

    // 노드 접속 해제 이벤트 처리
    onClose(socket) {
        var key = socket.remoteAddress + ":" + socket.remotePort;
        console.log("onClose", socket.remoteAddress, socket.remotePort);
```

```javascript
        delete map[key];
        this.sendInfo();
    }

    // 노드 등록 처리
    onRead(socket, json) {
        var key = socket.remoteAddress + ":" + socket.remotePort;
        console.log("onRead", socket.remoteAddress, socket.remotePort, json);

        if (json.uri == "/distributes" && json.method == "POST") {
            map[key] = {
                socket: socket
            };
            map[key].info = json.params;
            map[key].info.host = socket.remoteAddress;
            this.sendInfo();
        }
    }

    // 패킷 전송
    write(socket, packet) {
        socket.write(JSON.stringify(packet) + '¶');
    }

    // 노드 접속 또는 특정 소켓에 노드 접속 정보 전파
    sendInfo(socket) {
        var packet = {
            uri: "/distributes",
            method: "GET",
            key: 0,
            params: []
        };

        for (var n in map) {
            packet.params.push(map[n].info);
        }

        if (socket) {
            this.write(socket, packet);
        } else {
            for (var n in map) {
                this.write(map[n].socket, packet);
            }
        }
```

```
    }
}

// distributor 객체 생성
new distributor();
```

분산 아키텍처의 핵심적인 역할을 수행하는 Distributor를 구현했습니다. 이제 Distributor와 연동되는 상품 관리, 회원 관리, 구매 관리 마이크로서비스를 구현하겠습니다.

6.5 정리

마이크로서비스와 분산 아키텍처

- 마이크로서비스 아키텍처는 모놀리식 아키텍처가 가진 문제점을 해결한다.
- 마이크로서비스 아키텍처는 분산 아키텍처다.

토폴로지

- 다양한 토폴로지 모델을 분산 아키텍처에 적용할 수 있다.
- 마이크로서비스는 망형(star) 토폴로지를 이용해 구현할 수 있다.

분산 시스템 만들기

- 모든 노드가 접속해 자신의 상태를 저장할 수 있는 서버가 필요하다.
- Client 클래스와 Server 클래스를 만든다.
- 분산 아키텍처의 성능을 보장하려면 프로토콜을 통일해야 한다.
- 마이크로서비스 아키텍처는 마이크로서비스, 게이트웨이, 분산 처리 서버로 구성할 수 있다.

7장

모놀리식에서 마이크로서비스로 : 마이크로서비스 만들기

이 장에서는 상품 관리, 회원 관리, 구매 관리 API를 제공하는 마이크로서비스를 구현합니다. 모놀리식 아키텍처에서 만든 상품 관리, 회원 관리, 구매 관리 비즈니스 로직에 Server 클래스와 Distributor를 적용해 마이크로서비스를 완성하겠습니다.

7.1 마이크로서비스 만들기 : 상품 관리

5장에서 설계한 상품 관리 기능을 마이크로서비스로 만듭니다. 다음과 같이 코드를 작성합니다.

코드 7-1 상품 관리 마이크로서비스

예제 파일 : microservice_goods.js

```
'use strict';

const business = require('../chapter5/monolithic_goods.js');  // ❶ 비즈니스 로직 참조
class goods extends require('./server.js') {                   // ❷ Server 클래스 상속
}
```

이미 만든 상품 관리 비즈니스 로직을 참조하며(❶) Server 클래스를 상속받습니다(❷).

이제 상속받은 goods 클래스를 초기화하고 Distributor 연결 기능을 추가하겠습니다. 다음과 같이 코드를 추가합니다.

코드 7-2 마이크로서비스 초기화

예제 파일 : microservice_goods.js

```
'use strict';

const business = require('../chapter5/monolithic_goods.js');
class goods extends require('./server.js') {
    constructor() {
        super("goods"                                              // ❶ 초기화
            , process.argv[2] ? Number(process.argv[2]) : 9010
            , ["POST/goods", "GET/goods", "DELETE/goods"]
        );

        this.connectToDistributor("127.0.0.1", 9000, (data) => {   // ❷ Distributor 접속
            console.log("Distributor Notification", data);
        });
    }
}

new goods();                                                       // ❸ 인스턴스 생성
```

생성자에서 부모 클래스의 생성자를 호출해 서비스명, 포트 정보, 처리 가능한 URL 정보를 전달합니다(❶). 이때 기본 포트 정보는 9010으로 지정합니다. 실행할 때 입력한 인자 값으로 포트 정보를 변경할 수 있게 합니다.

Server 클래스의 connectToDistributor 함수를 이용해 Distributor에 접속합니다(❷). 호스트 정보와 포트 정보는 설정 파일을 이용해 별도로 관리하는 것이 일반적이지만, 이해하기 쉽도록 코드에 직접 써넣었습니다.

이제 생성자가 완성되었기 때문에 인스턴스를 정상적으로 생성할 수 있습니다. new 키워드를 이용해 goods 클래스의 인스턴스를 생성합니다(❸).

마지막으로 API에 대한 요청이 왔을 때 비즈니스 로직을 호출하는 부분을 만들겠습니다.

코드 7-3 onRead 구현

예제 파일 : microservice_goods.js

```
......
        this.connectToDistributor("127.0.0.1", 9000, (data) => {
            console.log("Distributor Notification", data);
        });
    }

    onRead(socket, data) {                              // ❶ onRead 구현
        console.log("onRead", socket.remoteAddress, socket.remotePort, data);
        // ❷ 비즈니스 로직 호출
        business.onRequest(socket, data.method, data.uri, data.params, (s, packet) => {
            socket.write(JSON.stringify(packet) + '¶');  // ❸ 응답 패킷 전송
        });
    }
}


new goods();
```

마이크로서비스로 패킷이 들어오면 onRead 함수를 호출합니다(❶). 클라이언트 접속 정보와 패킷 정보를 화면에 출력하고 비즈니스 로직을 호출해(❷) 응답 패킷을 클라이언트에 전달합니다(❸).

onRead 함수에는 유효한 API인지를 판단하는 유효성 검사가 빠져 있습니다. 그 이유는 다음 장에서 설명합니다.

전체 코드는 다음과 같습니다.

예제 파일 : microservice_goods.js

```javascript
'use strict';

// 비즈니스 로직 파일 참조
const business = require('../chapter5/monolithic_goods.js');

// Server 클래스 참조
class goods extends require('./server.js') {
    constructor() {
        super("goods"   // 부모 클래스 생성자 호출
            , process.argv[2] ? Number(process.argv[2]) : 9010
            , ["POST/goods", "GET/goods", "DELETE/goods"]
        );

        this.connectToDistributor("127.0.0.1", 9000, (data) => {  // Distributor 접속
            console.log("Distributor Notification", data);
        });
    }

    // 클라이언트 요청에 따른 비즈니스 로직 호출
    onRead(socket, data) {
        console.log("onRead", socket.remoteAddress, socket.remotePort, data);
        business.onRequest(socket, data.method, data.uri, data.params, (s, packet) => {
            socket.write(JSON.stringify(packet) + '¶');
        });
    }
}

new goods();  // 인스턴스 생성
```

NODE.JS MICROSERVICES

7.2 마이크로서비스 만들기 : 회원 관리

상품 관리와 동일한 패턴으로 회원 관리 마이크로서비스를 만듭니다. 다음과 같이 코드를 작성합니다.

이렇게 모놀리식 아키텍처를 마이크로서비스 아키텍처로 변형했습니다. 언뜻 보기에는 아키텍처를 변경하는 것이 더 간단해 보일 수도 있습니다. 하지만 책에서는 이해를 돕고자 모놀리식 아키텍처를 처음 구현할 때부터 마이크로서비스로 변경하기 쉽도록 설계했습니다.

실제로 아키텍처를 변경할 때는 매우 많은 노력이 필요합니다. 추가된 새로운 기능은 전혀 없는데 투입 비용만 늘어나는 것을 좋아하는 사람은 없을 것입니다. 이러한 과도기적 문제를 극복하는 하나의 방법으로 모놀리식 아키텍처를 구현하는 시점에 향후 마이크로서비스로 변경할 것을 감안해 코드를 모듈화하면, 적은 비용으로도 아키텍처를 변경할 수 있습니다.

초기 개발 단계에서 마이크로서비스를 고려하지 않았다면 단계적으로 적은 비용을 들여 변경해 나갈 수 있습니다. 대부분의 경우 I/O 처리와 비즈니스 로직 간 심한 커플링이 아키텍처를 변경하는 데 가장 큰 걸림돌이 됩니다. 기존 코드에서 I/O 처리와 비즈니스 로직을 분리하는 리팩토링 작업으로 아키텍처를 변경하는 비용을 줄일 수 있습니다.

마지막으로 Distributor가 시스템 맨 뒤에 있는 서버라면 맨 앞에서 요청을 받아들이는 서버인 게이트웨이를 알아보겠습니다.

7.4 정리

- 모놀리식에서 하나로 합친 비즈니스 로직을 개별 프로세스로 독립해 개발한다.
- 모놀리식 아키텍처의 비즈니스 로직과 I/O 처리 로직을 분리하면 마이크로서비스 아키텍처로 변경하는 데 도움이 된다.

  - 5장에서 설계한 상품 관리 기능을 마이크로서비스로 만든다.
  - 5장에서 설계한 회원 관리 기능을 마이크로서비스로 만든다.
  - 5장에서 설계한 구매 관리 기능을 마이크로서비스로 만든다.

8^장

모놀리식에서 마이크로서비스로 : 인터페이스 통일

이 장에서는 마이크로서비스 인터페이스와 Node.js를 이용한 HTTP 게이트웨이 구현 방법을 알아보겠습니다.

8.1 인터페이스

클라이언트와 서버 관점에서 생각한다면, 마이크로서비스 아키텍처는 많은 서버가 API를 각각 제공하는 구조라고 할 수 있습니다. 클라이언트가 모든 API를 호출해야 한다면 어떤 일이 벌어질 까요?

독립된 각 API를 호출하려면 클라이언트는 모든 서버의 접속 정보와 패킷 구조를 알아야 합니다. 모든 API에서 일일이 코드를 작성해야 한다면, 이 작업은 생각만으로도 끔찍합니다.

❤ 그림 8-1 통일된 인터페이스의 필요성

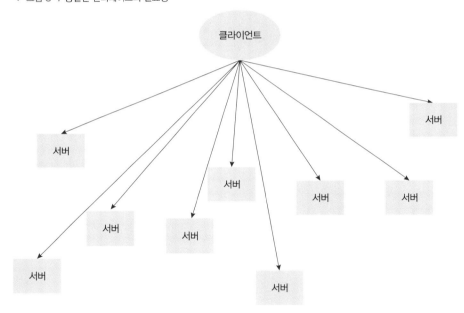

이러한 문제를 해결하려면 통일된 패킷 구조와 인터페이스 하나로 모든 API를 호출할 수 있는 구 조를 만들어야 합니다.

8.2 레이어의 필요성

클라이언트가 인터페이스 하나로 모든 마이크로서비스를 호출할 수 있으려면 레이어 개념이 필요합니다. 이는 마이크로서비스들과 통신할 수 있는 인터페이스 레이어를 하나 두는 개념입니다. 마이크로서비스보다 상위 계층의 레이어를 두고, 클라이언트의 접속을 처리하게 하면 통일된 인터페이스를 이용해 모든 API를 호출할 수 있습니다.

❤ 그림 8-2 시스템 레이어

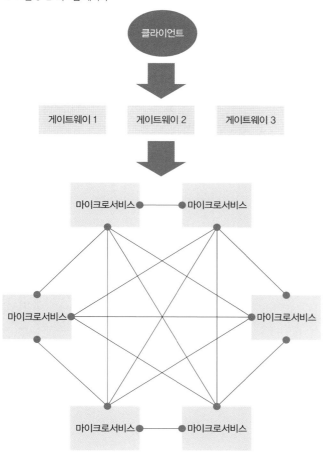

게이트웨이와 마이크로서비스를 분리된 레이어로 설계했습니다. 클라이언트는 게이트웨이로 접속합니다. 이때 게이트웨이는 HTTP, TCP, PROTOBUF 등 다양한 형태의 서버가 될 수 있으며, 게이트웨이도 여러 개 존재할 수 있습니다. 단 게이트웨이 간에는 통신을 하지 않습니다.

게이트웨이는 망형 구조로 연결된 마이크로서비스들과 연결됩니다. 앞에서 만든 Distributor를 이용해 모든 마이크로서비스와 접속하거나 필요한 마이크로서비스와 제한적으로 접속할 수도 있습니다. 보안을 위해 접속 IP를 제한할 수도 있고 요청 가능한 API를 필터링할 수도 있습니다.

마이크로서비스는 클라이언트가 접속했을 때와 동일하게 게이트웨이의 요청을 처리합니다. 클라이언트가 접속하는 위치에 따라 게이트웨이와 마이크로서비스가 서로 다른 네트워크에 있기도 합니다. 게이트웨이는 Public 망에 위치하고, 마이크로서비스는 Private 망에 위치해 보안을 강화할 수 있습니다. 보안과 관련된 내용은 13장에서 자세히 알아봅니다.

8.3 HTTP 게이트웨이 만들기

인터페이스를 통일해야 하는 이유와 레이어 개념을 알아보았으니, 이제 우리가 만드는 마이크로서비스 아키텍처에 게이트웨이를 추가하겠습니다. 다양한 프로토콜의 게이트웨이를 만들 수 있지만, 가장 널리 사용하는 HTTP 요청을 처리하도록 HTTP 게이트웨이를 만들겠습니다.

HTTP 게이트웨이는 기본적으로 HTTP 서버입니다. HTTP에 대한 요청을 받아 메모리에 저장한 후 해당 API에 대한 마이크로서비스를 호출합니다. 마이크로서비스에서 응답이 오면 조금 전 메모리에 저장한 HTTP 요청 객체를 찾아 응답하고는 메모리에서 지웁니다.

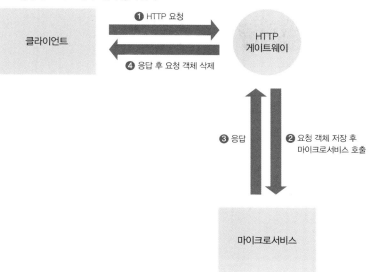

✔ 그림 8-3 HTTP 게이트웨이 동작 순서

클라이언트

❶ HTTP 요청

❹ 응답 후 요청 객체 삭제

HTTP
게이트웨이

❸ 응답

❷ 요청 객체 저장 후
마이크로서비스 호출

마이크로서비스

먼저 HTTP 서버 기능을 만듭니다.

예제 파일 : gate.js

```javascript
const http = require('http');
const url = require('url');
const querystring = require('querystring');

var server = http.createServer((req, res) => {      // ❶ HTTP 서버 생성
    var method = req.method;
    var uri = url.parse(req.url, true);
    var pathname = uri.pathname;

    if (method === "POST" || method === "PUT") {  // ❷ POST, PUT 메서드 처리
        var body = "";

        req.on('data', function (data) {
            body += data;
        });
        req.on('end', function () {
            var params;
            // ❸ 헤더가 application/json일 때는 JSON으로 파싱
            if (req.headers['content-type'] == "application/json") {
                params = JSON.parse(body);
            } else {
```

8

마이크로서비스 : 인터페이스 통일

137

```
            // ❹ 헤더가 JSON이 아니면 querystring으로 파싱
                params = querystring.parse(body);
            }

            onRequest(res, method, pathname, params);
        });
    } else {
        onRequest(res, method, pathname, uri.query);
    }
}).listen(8000, () => {
    console.log('listen', server.address());
});

function onRequest(res, method, pathname, params) {   // ❺ 요청 정보 처리
}
```

http 모듈을 참조해 서버를 만듭니다(❶). HTTP는 메서드에 따라 파라미터를 읽어 들이는 방식이 다르기 때문에 각각 처리합니다.

POST와 PUT에서 data와 end 이벤트를 이용해 파라미터를 읽습니다(❷). 이때 콘텐츠 타입이 application/json이라면 파라미터가 JSON 형식의 스트링이므로 JSON.parse 함수를 이용해 파라미터를 처리합니다(❸). 콘텐츠 타입이 application/json이 아니라면 querystring 모듈의 parse 함수를 이용해 파라미터를 읽습니다(❹).

GET과 DELETE 메서드에서는 url 모듈을 이용해 파싱합니다. 모든 메서드에서 파라미터를 읽어 들였으면 메서드 정보와 API 주소 입력 파라미터를 onRequest 함수로 전달합니다(❺).

Distributor에서 마이크로서비스들의 정보를 받아 와 처리하는 로직을 만들겠습니다. 다음과 같이 코드를 추가합니다.

코드 8-2 Distributor 통신 기능

예제 파일 : gate.js

```
......
const tcpClient = require('./client');        // ❶ Client 클래스 참조

var mapClients = {};
var mapUrls = {};
var mapResponse = {};
var mapRR = {};
var index = 0;

var server = http.createServer((req, res) => {
```

```
      ......
}).listen(8000, () => {
    console.log('listen', server.address());

    var packet = {                          // ❷ Distributor 전달 패킷
        uri: "/distributes",
        method: "POST",
        key: 0,
        params: {
            port: 8000,
            name: "gate",
            urls: []
        }
    };
    var isConnectedDistributor = false;

    this.clientDistributor = new tcpClient(  // ❸ Distributor 접속
        "127.0.0.1"
        , 9000
        , (options) => {                      // ❹ Distributor 접속 완료 이벤트
            isConnectedDistributor = true;
            this.clientDistributor.write(packet);
        }
        , (options, data) => { onDistribute(data); }  // ❺ Distributor 데이터 수신 이벤트
        , (options) => { isConnectedDistributor = false; } // ❻ Distributor 접속 종료 이벤트
        , (options) => { isConnectedDistributor = false; }  // ❼ Distributor 에러 이벤트
    );

    setInterval(() => {                      // ❽ Distributor 재접속
        if (isConnectedDistributor != true) {
            this.clientDistributor.connect();
        }
    }, 3000);
});

function onRequest(res, method, pathname, params) {
......
}

function onDistribute(data) {               // ❾ Distributor 데이터 수신 처리
    for (var n in data.params) {
        var node = data.params[n];
        var key = node.host + ":" + node.port;
        if (mapClients[key] == null && node.name != "gate") {
            var client = new tcpClient(node.host, node.port, onCreateClient,
```

```
                    onReadClient, onEndClient, onErrorClient);

            mapClients[key] = {                  // ❿ 마이크로서비스 연결 정보 저장
                client: client,
                info: node
            };
            for (var m in node.urls) {           // ⓫ 마이크로서비스 URL 정보 저장
                var key = node.urls[m];
                if (mapUrls[key] == null) {
                    mapUrls[key] = [];
                }
                mapUrls[key].push(client);
            }
            client.connect();
        }
    }
}

function onCreateClient(options) {
    console.log("onCreateClient");
}

function onReadClient(options, packet) {
}

function onEndClient(options) {                  // ⓬ 마이크로서비스 접속 종료 처리
    var key = options.host + ":" + options.port;
    console.log("onEndClient", mapClients[key]);
    for (var n in mapClients[key].info.urls) {
        var node = mapClients[key].info.urls[n];
        delete mapUrls[node];
    }
    delete mapClients[key];
}

function onErrorClient(options) {
    console.log("onErrorClient");
}
```

HTTP 게이트웨이가 마이크로서비스들과 통신하려고 Client 클래스를 참조합니다(❶). HTTP
게이트웨이를 Distributor에 등록하는 패킷을 구성합니다(❷). 이때 임의의 이름인 gate로 설정
했습니다.

Distributor 접속용 Client 클래스의 인스턴스를 생성합니다(❸). Distributor와 HTTP 게이트웨이는 물리적으로 다른 장비에서 실행하는 것이 좋지만, 개발 편의상 로컬에서 Distributor, HTTP 게이트웨이, 마이크로서비스 모두 실행하도록 하겠습니다.

Distributor에 접속하면 isConnectedDistributor를 true로 설정하고 ❷에서 만들어 놓은 패킷을 전달합니다(❹). Distributor에서 정보가 전달되면 onDistribute 함수에서 처리하도록 하고(❺), 접속을 종료하거나 에러가 발생하면 isConnectedDistributor를 false로 변경합니다(❻, ❼).

HTTP 게이트웨이를 Distributor보다 먼저 실행하거나 Distributor가 실행을 중단하면 재접속 기능을 추가합니다. 3초 간격으로 isConnectedDistributor 값이 false이면 Distributor로 접속을 시도합니다(❽).

onDistribute로 Distributor에서 현재 접속 가능한 마이크로서비스 목록이 전달되면(❾) 접속하지 않은 마이크로서비스에 대해 Client 클래스 인스턴스를 생성합니다. 접속 주소로 key를 만들어 mapClients에 인스턴스를 저장하고(❿), 처리 가능한 URL들을 mapUrls에 저장합니다(⓫).

마이크로서비스가 장애 등으로 접속을 종료하면 ❿, ⓫에서 등록한 정보를 삭제합니다(⓬).

이제 HTTP 게이트웨이로 요청한 API를 마이크로서비스를 이용해 처리한 후 응답하는 로직을 구현해 보겠습니다.

코드 8-3 API 처리

예제 파일 : gate.js

```
......

function onRequest(res, method, pathname, params) {
    var key = method + pathname;
    var client = mapUrls[key];
    if (client == null) {                        // ❶ 처리 가능한 API만 처리
        res.writeHead(404);
        res.end();
        return;
    } else {
        params.key = index;                      // ❷ 고유키 발급
        var packet = {
            uri: pathname,
            method: method,
            params: params
        };

        mapResponse[index] = res;                // ❸ 요청에 대한 응답 객체 저장
        index++;                                 // ❹ 고유 값 증가
```

```
            if (mapRR[key] == null)                        // ❺ 라운드 로빈 처리
                mapRR[key] = 0;
            mapRR[key]++;
            client[mapRR[key] % client.length].write(packet);  // ❻ 마이크로서비스에 요청
        }
    }
}
......

function onReadClient(options, packet) {                   // ❼ 마이크로서비스 응답
    console.log("onReadClient", packet);
    mapResponse[packet.key].writeHead(200, { 'Content-Type': 'application/json' });
    mapResponse[packet.key].end(JSON.stringify(packet));
    delete mapResponse[packet.key];                        // ❽ 응답 객체 삭제
}

......
```

HTTP 게이트웨이로 API 요청이 오면 현재 처리 가능한 마이크로서비스 API들을 확인해 처리 가능한 API만 처리하도록 합니다(❶). 처리 가능한 API에 대해 해당 마이크로서비스를 호출하기 전에 고유한 키를 발급합니다(❷). 이는 고유키를 패킷에 담아 전달하고, 마이크로서비스는 받은 키를 그대로 응답 패킷에 담아 주는 방식입니다. 마이크로서비스에서 온 응답을 전달하려고 http 의 응답 객체를 저장합니다(❸).

유일성을 보장할 수 있도록 고유키 값을 증가시키고(❹), 동일한 API를 처리하는 마이크로서비스 여러 개를 고르게 호출하기 위해 라운드 로빈 인덱스 값을 증가시킵니다(❺).

접속된 마이크로서비스로 API를 호출합니다(❻). 마이크로서비스가 API를 처리한 후 응답하면 onReadClient 함수로 전달되고(❼), ❸에서 저장한 응답 객체를 찾아 응답한 후 삭제합니다(❽).

전체 코드는 다음과 같습니다.

코드 8-4 HTTP 게이트웨이 전체 코드

예제 파일 : gate.js

```
'use strict'

const http = require('http');
const url = require('url');
const querystring = require('querystring');
const tcpClient = require('./client');

var mapClients = {};
var mapUrls = {};
```

```javascript
var mapResponse = {};
var mapRR = {};
var index = 0;

// HTTP 서버를 만듦
var server = http.createServer((req, res) => {
    var method = req.method;
    var uri = url.parse(req.url, true);
    var pathname = uri.pathname;

    if (method === "POST" || method === "PUT") {
        var body = "";

        req.on('data', function (data) {
            body += data;
        });
        req.on('end', function () {
            var params;
            if (req.headers['content-type'] == "application/json") {
                params = JSON.parse(body);
            } else {
                params = querystring.parse(body);
            }

            onRequest(res, method, pathname, params);
        });
    } else {
        onRequest(res, method, pathname, uri.query);
    }
}).listen(8000, () => {
    console.log('listen', server.address());

    // Distributor와 통신 처리
    var packet = {
        uri: "/distributes",
        method: "POST",
        key: 0,
        params: {
            port: 8000,
            name: "gate",
            urls: []
        }
    };
    var isConnectedDistributor = false;
```

```
        this.clientDistributor = new tcpClient(
            "127.0.0.1"
            , 9000
            , (options) => {   // 접속 이벤트
                isConnectedDistributor = true;
                this.clientDistributor.write(packet);
            }
            , (options, data) => { onDistribute(data); }         // 데이터 수신 이벤트
            , (options) => { isConnectedDistributor = false; }  // 접속 종료 이벤트
            , (options) => { isConnectedDistributor = false; }  // 에러 이벤트
        );

        // 주기적인 Distributor 접속 상태 확인
        setInterval(() => {
            if (isConnectedDistributor != true) {
                this.clientDistributor.connect();
            }
        }, 3000);
});

// API 호출 처리
function onRequest(res, method, pathname, params) {
    var key = method + pathname;
    var client = mapUrls[key];
    if (client == null) {
        res.writeHead(404);
        res.end();
        return;
    } else {
        params.key = index;   // API 호출에 대한 고유키 값 설정
        var packet = {
            uri: pathname,
            method: method,
            params: params
        };

        mapResponse[index] = res;
        index++;
        if (mapRR[key] == null)   // 라운드 로빈 처리
            mapRR[key] = 0;
        mapRR[key]++;
        client[mapRR[key] % client.length].write(packet);
    }
}
```

```javascript
// Distributor 접속 처리
function onDistribute(data) {
    for (var n in data.params) {
        var node = data.params[n];
        var key = node.host + ":" + node.port;
        if (mapClients[key] == null & node.name != "gate") {
            var client = new tcpClient(node.host, node.port, onCreateClient,
                                        onReadClient, onEndClient, onErrorClient);

            mapClients[key] = {
                client: client,
                info: node
            };
            for (var m in node.urls) {
                var key = node.urls[m];
                if (mapUrls[key] == null) {
                    mapUrls[key] = [];
                }
                mapUrls[key].push(client);
            }
            client.connect();
        }
    }
}


// 마이크로서비스 접속 이벤트 처리
function onCreateClient(options) {
    console.log("onCreateClient");
}


// 마이크로서비스 응답 처리
function onReadClient(options, packet) {
    console.log("onReadClient", packet);
    mapResponse[packet.key].writeHead(200, { 'Content-Type': 'application/json' });
    mapResponse[packet.key].end(JSON.stringify(packet));
    delete mapResponse[packet.key];  // http 응답 객체 삭제
}


// 마이크로서비스 접속 종료 처리
function onEndClient(options) {
    var key = options.host + ":" + options.port;
    console.log("onEndClient", mapClients[key]);
    for (var n in mapClients[key].info.urls) {
        var node = mapClients[key].info.urls[n];
        delete mapUrls[node];
```

```
    }
    delete mapClients[key];
}

// 마이크로서비스 접속 에러 처리
function onErrorClient(options) {
    console.log("onErrorClient");
}
```

마이크로서비스 아키텍처에 필요한 게이트웨이, 분산 처리 서버, 마이크로서비스를 모두 만들었습니다. 다음 장에서는 마이크로서비스를 실행해 봅시다.

8.4 정리

인터페이스

마이크로서비스는 통일된 패킷 구조와 인터페이스 하나로 모든 API를 호출할 수 있는 구조를 만들어야 한다.

레이어의 필요성

- 클라이언트가 인터페이스 하나로 모든 마이크로서비스를 호출할 수 있으려면 레이어가 필요하다.
- 우리가 만들 마이크로서비스 아키텍처에 사용할 HTTP 게이트웨이를 만든다. HTTP 게이트웨이는 기본적으로 HTTP 서버다.
- 모든 마이크로서비스와 게이트웨이는 자신의 정보를 분산 처리 서버로 전달해 전체 서버가 유기적으로 동작할 수 있게 한다.

9^장

모놀리식에서
마이크로서비스로 :
마이크로서비스
실행

이 장에서는 완성된 마이크로서비스 아키텍처를 실행하고, 모놀리식 아키텍처와 결과가 같은지 API를 호출해 보겠습니다.

9.1 Distributor 실행

앞으로 실행하는 모든 프로세스는 순서에 상관없이 실행할 수 있지만, 이해를 돕고자 모든 마이크로서비스가 접속하는 Distributor를 먼저 실행하겠습니다. Node.js를 실행하는 방법은 여러 가지가 있으나 가장 기본적인 방법으로 진행하겠습니다. 다음과 같이 distributor.js 파일을 실행합니다.

```
> node distributor.js
listen { address: '::', family: 'IPv6', port: 9000 }
```

할당된 모든 IP에서 9000번 포트를 리슨했다는 메시지를 출력합니다. Node.js는 IPv6를 기본으로 사용하므로 family 정보에 IPv6라고 출력합니다. 9000번 포트를 이미 다른 프로세스가 사용하고 있다면 다음 에러가 발생합니다.

```
{ Error: listen EADDRINUSE :::9000
    at Object.exports._errnoException (util.js:1020:11)
    at exports._exceptionWithHostPort (util.js:1043:20)
    at Server._listen2 (net.js:1258:14)
    at listen (net.js:1294:10)
    at Server.listen (net.js:1390:5)
......
```

이때는 포트 번호를 변경하거나 netstat 명령어를 이용해 사용 중인 프로세스를 확인하고 종료한 후 다시 실행합니다.[1]

이제 모든 마이크로서비스와 게이트웨이의 접속을 처리할 수 있는 상태가 되었습니다.

---

1 3장의 '노트'를 참고합니다(40쪽).

9.2 게이트웨이 실행

API 호출을 받아들이는 게이트웨이를 실행하겠습니다. 새 명령 프롬프트를 실행한 후 gate.js가 위치한 경로에서 파일을 실행합니다.

```
> node gate.js
listen { address: '::', family: 'IPv6', port: 8000 }
```

Distributor처럼 8000번 포트로 모든 IP에 리슨했다는 메시지가 출력되었습니다. 8000번 포트를 이미 다른 프로세스가 사용하고 있다면 다음 에러가 발생합니다. 이러한 에러가 발생한다면 3장의 '노트'를 참고합니다.

```
events.js:160
      throw er; // Unhandled 'error' event
      ^

Error: listen EADDRINUSE :::8000
    at Object.exports._errnoException (util.js:1018:11)
    at exports._exceptionWithHostPort (util.js:1041:20)
    at Server._listen2 (net.js:1258:14)
    at listen (net.js:1294:10)
    at Server.listen (net.js:1390:5)
    at Object.<anonymous> (D:\microservice\microservice\chapter5\gate.js:38:4)
    at Module._compile (module.js:570:32)
    at Object.Module._extensions..js (module.js:579:10)
    at Module.load (module.js:487:32)
    at tryModuleLoad (module.js:446:12)
```

게이트웨이가 실행되면 게이트웨이는 Distributor에 접속하고 자신의 정보를 전달합니다. 이때 Distributor에는 다음 메시지가 출력됩니다.

Distributor 프롬프트에 출력된 메시지

```
......
onCreate ::ffff:127.0.0.1 57930                      // ❶ 접속 로그
onRead ::ffff:127.0.0.1 57930 { uri: '/distributes',  // ❷ 정보 등록 로그
    method: 'POST',
    key: 0,
    params: { port: 8000, name: 'gate', urls: [] } }
```

동일한 운영체제에서 게이트웨이가 실행되었기 때문에 :ffff:127.0.0.1이라는 IP로 접속했다는 로그가 남고(❶), 게이트웨이 정보를 Distributor로 전달한 로그도 남았습니다(❷). 아직 어떤 마이크로서비스도 실행하지 않았기 때문에 호출할 수 있는 API가 없습니다.

9.3 마이크로서비스 실행

마이크로서비스를 실행하겠습니다. 새 명령 프롬프트를 열고 microservice_goods.js 파일이 있는 경로에서 상품 관리 마이크로서비스를 실행합니다.

```
> node microservice_goods.js
listen { address: '::', family: 'IPv6', port: 9010 }
```

상품 관리 마이크로서비스가 9010번 포트로 실행되었습니다. 잠시 후 Distributor와 통신하면서 Distributor에 상품 관리 마이크로서비스 로그를 출력합니다.

Distributor 로그

```
......
onCreate ::ffff:127.0.0.1 58075
onRead ::ffff:127.0.0.1 58075 { uri: '/distributes',
  method: 'POST',
  key: 0,
  params:
   { port: 9010,
     name: 'goods',
     urls: [ 'POST/goods', 'GET/goods', 'DELETE/goods' ] } }
```

상품 관리 마이크로서비스에는 Distributor에서 전달받은 게이트웨이와 자신이 등록한 상품 관리 마이크로서비스 로그가 출력되었습니다.

```
    headers: { 'Content-Type': 'application/json' },
    method: 'POST',
    path: '/purchases' } '{"key":8,"errorcode":0,"errormessage":"success"}'
{ host: '127.0.0.1',
  port: 8000,
  headers: { 'Content-Type': 'application/json' },
  method: 'GET',
  path: '/purchases?userid=1' } '{"key":9,"errorcode":0,"errormessage":"success","results"
:[{"id":1,"goodsid":1,"date":"2017-09-20T11:46:50.000Z"}]}'
done
```

모놀리식 아키텍처와 동일하게 동작하는 것을 확인할 수 있습니다.

일반적으로 모놀리식 아키텍처는 멀티스레드 기반이고 마이크로서비스 아키텍처는 멀티프로세스 기반이기 때문에 모놀리식 아키텍처보다 실행해야 하는 프로세스의 수가 더 많습니다. 이를 단점으로 생각할 수도 있습니다. 그러나 스레드 문제를 해결하는 것보다 프로세스 문제를 해결하는 것이 더 쉽기 때문에 서비스를 안정적으로 유지하는 데는 프로세스 기반이 유리합니다.

9.5 정리

모든 프로세스는 순서에 상관없이 실행할 수 있어야 한다.

- distributor.js : 모든 마이크로서비스가 접속
- gate.js : API 호출을 받아들이는 게이트웨이
- microservice_goods.js : 상품 관리 마이크로서비스 실행
- microservice_members.js : 회원 관리 마이크로서비스 실행
- test.js : 테스트 파일

4부

마이크로서비스
운영하기

10^장

장애 처리

이 장에서는 마이크로서비스를 운영할 때 발생하는 장애 처리를 알아보겠습니다.

10.1 Failover와 Fault Tolerant

서비스 중인 프로세스에 문제가 발생하는 원인은 매우 다양합니다. 감당하기 힘든 부하가 발생하거나 코드 문제일 수 있고, 운영체제에 문제가 발생하거나 다른 프로세스의 간섭으로 실행이 중단될 수 있습니다. 외부적으로는 하드웨어적인 결함이나 네트워크 문제, 심지어 사람의 실수 등 셀수 없이 다양한 이유로 프로세스가 종료되기도 합니다. 이때 장애에 대응하는 방법으로 Failover와 Fault Tolerant란 개념이 있습니다.

Failover는 시스템에 문제가 발생했을 때 준비해 둔 예비 시스템으로 자동 전환해서 서비스가 중단되지 않도록 하는 기능입니다. Fault Tolerant는 시스템에 문제가 발생하면 전체 시스템을 다운하는 것이 아니라 문제가 발생하지 않은 부분은 정상적으로 수행하는 기능입니다.

마이크로서비스 아키텍처는 기본적으로 분산 아키텍처이기 때문에 마이크로서비스를 충분하게 분산 배치했다면 Failover 기능을 수행한다고 할 수 있습니다. 또 특정 마이크로서비스에 문제가 발생해도 다른 API를 서비스하는 마이크로서비스는 정상적으로 동작하기 때문에 Fault Tolerant 기능도 수행한다고 할 수 있습니다.

마이크로서비스 아키텍처는 장애에 강한 아키텍처입니다. 하지만 스스로 프로세스를 복구할 수 있는 기능이 없다면 고가용성 시스템이라고 하기 어렵습니다. 문제가 발생한 마이크로서비스가 자동으로 재실행되는 기능을 알아보겠습니다.

10.2 cluster 모듈 활용

Node.js에는 cluster라는 모듈을 기본으로 제공합니다. cluster 모듈은 우리가 실행한 프로세스에서 원하는 만큼 자식 프로세스를 생성합니다. 문제가 발생해도 자식 프로세스 하나에서만 발생하기 때문에 다른 자식 프로세스는 정상적으로 서비스할 수 있습니다. 게다가 종료된 자식 프로세스를 감지해 또 다른 자식 프로세스도 실행할 수 있습니다. 이 기능을 활용하면 결함이 있더라도 영원히 중단되지 않는 서비스를 제공할 수 있습니다.

11장

분산을 고려한
비즈니스 로직
만들기

마이크로서비스 아키텍처를 구현하는 과정에서 가장 많은 고민이 필요한 부분은 공유 자원 처리입니다. 여러 마이크로서비스로 분리된 비즈니스 로직이 같은 데이터에 접근해야 할 때 어떤 방법을 사용하는지 알아보겠습니다.

11.1 마이크로서비스와 공유 자원

마이크로서비스는 프로세스를 독립적으로 실행하기 때문에 공통으로 접근해야 하는 공유 자원을 고려해야 합니다. 공유 자원을 처리하는 가장 쉬운 방법은 데이터베이스처럼 데이터를 저장하는 저장소를 공통으로 사용하는 것입니다. 그러나 이것은 데이터베이스에 부하가 집중될 경우 마이크로서비스를 아무리 분산 배치해도 부하를 감당할 수 없다는 치명적인 문제가 있습니다.

▼ 그림 11-1 병목 현상을 발생시키는 공유 자원 접근 방식

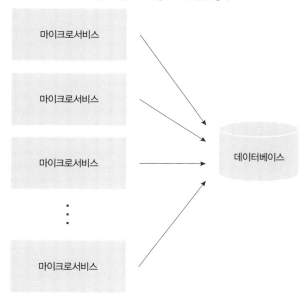

마이크로서비스 간의 공유 자원을 어떻게 하면 효율적으로 처리할 수 있는지 알아보겠습니다.

11.2 공유 자원 처리

마이크로서비스 아키텍처는 독립된 각 기능을 프로세스 레벨로 분리해서 장애와 부하에 효과적으로 대응할 수 있도록 설계한 아키텍처입니다. 하지만 프로세스가 분리되고 물리적으로 다른 머신에서 실행될 경우 공유 자원에 접근하기 어렵다는 단점이 있습니다.

▼ 그림 11-2 마이크로서비스의 공유 자원 접근 이슈

이러한 문제를 해결하는 몇 가지 방법이 있습니다. 가장 직관적인 방법은 한쪽은 정보를 가지고 있고, 다른 한쪽은 질의를 하는 것입니다.

▼ 그림 11-3 마이크로서비스 간 정보 공유 아이디어 1

우리가 만든 마이크로서비스 아키텍처는 Distributor가 모든 마이크로서비스의 접속 정보를 알고 있으므로 Distributor에서 정보를 받아 해당 마이크로서비스에 질의하면 됩니다. 요청하는 마이크로서비스는 별도의 소켓을 이용해 접속하고, 응답하는 마이크로서비스는 원래 동작하던 대로 API 호출에 응답하면 됩니다. 예를 들어 구매 관리 마이크로서비스가 상품 관리 마이크로서비스에 접속해 유효한 상품 정보를 질의하고, 구매 요청을 할 때는 유효한 상품 정보를 활용하는 방식을 생각해 볼 수 있습니다.

다른 방법은 특정 마이크로서비스가 공유 자원이 필요한 다른 모든 마이크로서비스에 변경 사항을 알려 주는 것입니다. 예를 들어 상품 관리 마이크로서비스에 상품 등록·삭제·변경 등 API를 호출하면, 구매 관리 마이크로서비스에 변경 사실을 알려 줍니다.

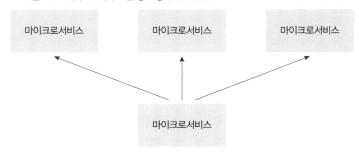
▼ 그림 11-4 마이크로서비스 간 정보 공유 아이디어 2

이외에도 다양한 마이크로서비스 간의 구조적 배치로 데이터베이스에 부담을 주지 않고도 공유 자원 문제를 해결할 수 있습니다. 하지만 구현이 복잡하고 마이크로서비스 간에 의존성이 생기는 단점이 있습니다.

11.3 / Redis 활용

앞에서 설명했듯이 공유 자원 문제를 해결하는 가장 쉬운 구현 방법은 여러 마이크로서비스가 데이터베이스 하나에 접근하는 것입니다. 이때 발생하는 부하 문제를 해결할 수 있다면 공유 자원 처리에 대한 매우 좋은 해법이 될 수 있습니다.

이러한 관점에서 메모리 캐싱 시스템을 널리 활용하고 있습니다. 메모리 캐싱 시스템을 이용해 빈번하게 호출하지만 변경할 일은 적은 데이터를 별도의 메모리 캐싱 시스템에 저장해 놓고 데이터베이스에 질의하는 대신, 미리 저장해 둔 데이터를 이용하면 데이터베이스의 부하를 줄일 수 있습니다. 대표적인 메모리 캐싱 시스템으로 Memcached와 Redis가 있습니다. Memcached보다 상대적으로 다양한 기능을 제공하는 Redis 연동 방법을 알아보겠습니다.

11.3.1 Redis 기능

Redis는 키-값 기반의 캐싱 기능 이외에도 다양한 기능을 제공합니다. 아주 간략하게 Redis 활용 사례를 알아봅시다. 자세한 내용은 공식 사이트(https://redis.io)에서 확인합니다.

- **랭킹**

  Sorted Set 기능을 이용해 랭킹 서비스에 활용할 수 있습니다.

- **채팅**

  Pub/Sub 기능을 이용해 채팅 서비스를 제공할 수 있습니다.

- **좋아요/싫어요**

  Counters 기능을 이용해 소셜 서비스의 '좋아요/싫어요'를 제공할 수 있습니다.

- **별점**

  Hashes 기능은 별점 처리에 활용할 수 있습니다.

- **지리 정보**

  Geo 기능을 이용해 지리 정보 서비스에 활용할 수 있습니다.

- **보안**

  Redis의 빠른 성능을 기반으로 특정 정보에 대한 과도한 요청을 필터링할 수 있습니다.

이외에도 다양한 활용 방법이 있습니다. 자세한 내용은 책의 주제를 벗어나므로 Redis 관련 도서 및 공식 사이트를 참고하세요.

11.3.2 Redis 연동

Redis를 우리가 만든 마이크로서비스에 적용하겠습니다.

Redis 설치

Redis를 연동하려고 Redis를 설치합니다. 맥에서는 brew를 이용해 설치할 수 있고, 리눅스에서는 Redis 공식 사이트에서 내려받을 수 있습니다.

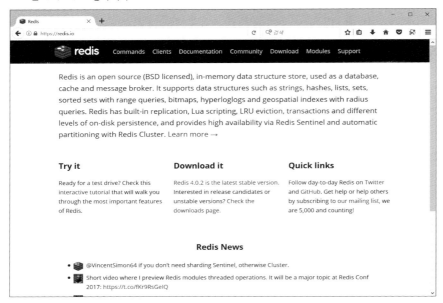

윈도에서는 공식적으로 지원하지는 않지만 소스 코드를 내려받아 컴파일하는 방법을 제공합니다. 비공식적인 방법이기는 하지만 https://github.com/MicrosoftArchive/redis/releases에서 도 윈도용 인스톨러를 내려받아 설치할 수 있습니다.

❤ 그림 11-6 비공식 윈도용 Redis

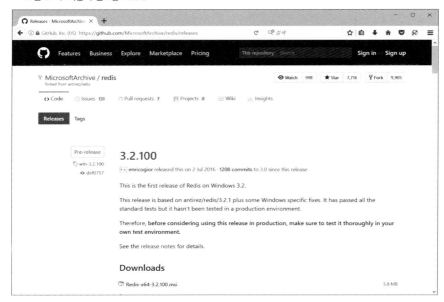

설치된 Redis의 redis-server 데몬을 실행합니다. 실행하면 다음 메시지를 표시합니다.

```
[16944] 01 Oct 21:07:50 # Warning: no config file specified, using the default config. In
order to specify a config file use 'redis-server /path/to/redis.conf'
[16944] 01 Oct 21:07:50 * Server started, Redis version 2.4.5
[16944] 01 Oct 21:07:50 * DB loaded from disk: 0 seconds
[16944] 01 Oct 21:07:50 * The server is now ready to accept connections on port 6379
[16944] 01 Oct 21:07:51 - DB 10: 5 keys (0 volatile) in 12 slots HT.
[16944] 01 Oct 21:07:51 - 0 clients connected (0 slaves), 1181176 bytes in use
```

redis 클라이언트 모듈 설치

Node.js에서 Redis와 연동하려면 클라이언트 모듈이 필요합니다. npm을 이용해 redis 클라이언트 모듈을 설치합니다.

```
> npm install redis
```

Redis 연동

상품 관리 마이크로서비스와 구매 관리 마이크로서비스를 Redis와 연동해 유효한 상품에서만 구매할 수 있도록 하겠습니다. 상품을 등록하고 삭제할 때 Redis에 정보를 저장할 수 있도록 상품 관리 마이크로서비스를 Redis와 연동합니다. 상품 관리 비즈니스 로직 파일인 monolithic_goods.js를 다음과 같이 수정합니다.

코드 11-1 상품 관리 Redis 연동

```
const mysql = require('mysql');
const conn = {
    host: 'localhost',
    user: 'micro',
    password: 'service',
    database: 'monolithic',
    multipleStatements: true  // ❶ 상품 등록 후 아이디를 알아 오려고 설정
};

const redis = require("redis").createClient();  // ❷ redis 모듈 로드

redis.on("error", function (err) {              // ❸ Redis 에러 처리
    console.log("Redis Error " + err);
});
```

```
......

function register(method, pathname, params, cb) {
    var response = {
        key: params.key,
        errorcode: 0,
        errormessage: "success"
    };

    if (params.name == null || params.category == null || params.price == null ||
        params.description == null) {
        response.errorcode = 1;
        response.errormessage = "Invalid Parameters";
        cb(response);
    } else {
        var connection = mysql.createConnection(conn);
        connection.connect();
        // ❹ 상품 아이디 조회 추가
        connection.query("insert into goods(name, category, price, description)
                            values(? ,? ,? ,?); select LAST_INSERT_ID() as id;"
            , [params.name, params.category, params.price, params.description]
            , (error, results, fields) => {
                if (error) {
                    response.errorcode = 1;
                    response.errormessage = error;
                } else {   // ❺ Redis에 상품 정보 저장
                    const id = results[1][0].id;
                    redis.set(id, JSON.stringify(params));
                }
                cb(response);
            });
        connection.end();
    }
}

......

function unregister(method, pathname, params, cb) {
    var response = {
        key: params.key,
        errorcode: 0,
        errormessage: "success"
    };

    if (params.id == null) {
```

```
            response.errorcode = 1;
            response.errormessage = "Invalid Parameters";
            cb(response);
        } else {
            var connection = mysql.createConnection(conn);
            connection.connect();
            connection.query("delete from goods where id = ?"
                , [params.id]
                , (error, results, fields) => {
                    if (error) {
                        response.errorcode = 1;
                        response.errormessage = error;
                    } else {
                        redis.del(params.id);  // ❻ Redis에 상품 정보 삭제
                    }
                    cb(response);
                });
            connection.end();
        }
}
```

우리가 설치한 mysql 모듈은 기본적으로 한 번에 쿼리 하나만 실행할 수 있도록 설정되어 있습니다. 데이터베이스에 상품 정보를 저장한 후 고유 아이디 값을 조회하려고 여러 쿼리를 실행할 수 있도록 설정을 추가합니다(❶). redis 모듈을 로드하고 createClient 함수를 이용해 Redis 서버와 통신할 수 있는 인스턴스를 생성합니다(❷). 우리는 redis 모듈 인스턴스가 하나만 필요하므로 동시에 처리했습니다. Redis 서버와 통신하는 중 에러가 발생하면 에러 처리를 해서 화면에 출력합니다(❸). 데이터베이스에 상품 정보를 저장하고 자동 증가되는 고유 값을 알아 오기 위해 쿼리문을 수정합니다(❹). 데이터베이스에 정상적으로 저장하면 Redis에도 저장합니다(❺). 이때 Redis의 기본 기능인 키-값 저장 기능을 이용해 키는 상품 아이디로 저장하고, 값은 상품 정보로 저장합니다. 상품을 삭제하면 Redis에서도 삭제합니다(❻).

전체 코드는 다음과 같습니다.

코드 11-2 Redis와 연동한 상품 관리 비즈니스 로직 전체 코드

예제 파일 : goods.js

```
const mysql = require('mysql');
const conn = {
    host: 'localhost',
    user: 'micro',
    password: 'service',
    database: 'monolithic',
```

```
        multipleStatements: true
};

const redis = require("redis").createClient();

redis.on("error", function (err) {
    console.log("Redis Error " + err);
});

/**
 * 상품 관리의 각 기능별로 분기
 */
exports.onRequest = function (res, method, pathname, params, cb) {

    switch (method) {
        case "POST":
            return register(method, pathname, params, (response) => {
                            process.nextTick(cb, res, response); });
        case "GET":
            return inquiry(method, pathname, params, (response) => {
                            process.nextTick(cb, res, response); });
        case "DELETE":
            return unregister(method, pathname, params, (response) => {
                            process.nextTick(cb, res, response); });
        default:
            return process.nextTick(cb, res, null);
    }
}

/**
 * 상품 등록 기능
 * @param method     메서드
 * @param pathname   URI
 * @param params     입력 파라미터
 * @param cb         콜백
 */
function register(method, pathname, params, cb) {
    var response = {
        key: params.key,
        errorcode: 0,
        errormessage: "success"
    };

    if (params.name == null || params.category == null || params.price == null ||
        params.description == null) {
```

```
                return inquiry(method, pathname, params, (response) => { process.
                            nextTick(cb, res, response); });
            default:
                return process.nextTick(cb, res, null);
        }
    }


/**
 * 구매 기능
 * @param method    메서드
 * @param pathname  URI
 * @param params    입력 파라미터
 * @param cb        콜백
 */
function register(method, pathname, params, cb) {
    var response = {
        key: params.key,
        errorcode: 0,
        errormessage: "success"
    };

    if (params.userid == null || params.goodsid == null) {
        response.errorcode = 1;
        response.errormessage = "Invalid Parameters";
        cb(response);
    } else {
        redis.get(params.goodsid, (err, result) => {   // Redis에 상품 정보 조회
            if (err || result == null) {
                response.errorcode = 1;
                response.errormessage = "Redis failure";
                cb(response);
                return;
            }

            var connection = mysql.createConnection(conn);
            connection.connect();
            connection.query("insert into purchases(userid, goodsid) values(? ,? )"
                , [params.userid, params.goodsid]
                , (error, results, fields) => {
                    if (error) {
                        response.errorcode = 1;
                        response.errormessage = error;
                    }
                    cb(response);
                });
```

```
            connection.end();
        });
    }
}

/**
 * 구매 내역 조회 기능
 * @param method      메서드
 * @param pathname   URI
 * @param params      입력 파라미터
 * @param cb          콜백
 */
function inquiry(method, pathname, params, cb) {
    var response = {
        key: params.key,
        errorcode: 0,
        errormessage: "success"
    };

    if (params.userid == null) {
        response.errorcode = 1;
        response.errormessage = "Invalid Parameters";
        cb(response);
    } else {
        var connection = mysql.createConnection(conn);
        connection.connect();
        connection.query("select id, goodsid, date from purchases where userid = ?"
            , [params.userid]
            , (error, results, fields) => {
                if (error) {
                    response.errorcode = 1;
                    response.errormessage = error;
                } else {
                    response.results = results;
                }
                cb(response);
            });
        connection.end();
    }
}
```

이 장에서는 마이크로서비스의 공유 자원 이슈와 Redis를 활용해 공유 자원을 처리하는 방법을 알아보았습니다.

11.4 정리

- 마이크로서비스를 분산 배치해도 데이터베이스와 같은 공유 자원에 병목이 발생하면 시스템의 성능은 개선되지 않는다.
- 마이크로서비스 간의 구조적 배치로 공유 자원 문제를 해결할 수 있지만 구조가 복잡해지는 단점이 있다.
- Redis 같은 메모리 캐싱 시스템을 활용하면 공유 자원의 병목 현상을 해소할 수 있다.
- Redis가 제공하는 다양한 기능을 활용하면 다음 기능을 손쉽게 구현할 수 있다.
    - 랭킹 : Sorted Set
    - 채팅 : Pub/Sub
    - 좋아요/싫어요 : Counters
    - 별점 : Hashes
    - 지리 정보 : Geo

분산을 고려한 비즈니스 로직 만들기

12^장

로그와 빅데이터

로그 처리는 서비스 운영에 필수라고 할 수 있습니다. 로그로 객관적인 데이터를 수집하고 분석해서 더 나은 시스템을 만들어 갈 수 있습니다. 특히 빅데이터 솔루션을 이용하면 대량의 데이터를 분석할 수 있습니다. 이 장에서는 마이크로서비스 아키텍처에서 로그를 효과적으로 처리하는 방법을 알아보겠습니다.

12.1 로그 마이크로서비스

마이크로서비스 아키텍처는 마이크로서비스들이 각자의 로그를 발생하는 구조이기에, 서로 독립적인 위치에 로그를 저장하면 모든 로그를 수집하는 데 많은 비용이 듭니다. 이러한 로그를 한곳에 저장하는 방법은 여러 가지가 있습니다. 각자 남긴 로그를 logstash나 fluentd 같은 로그 수집기를 이용해 한곳에 모으거나 모든 마이크로서비스를 같은 저장소에 저장하면 됩니다. 하지만 로그를 저장하는 저장소를 변경하거나 로그 형식을 일괄적으로 변경할 때는 모든 마이크로서비스를 변경해야 한다는 문제가 있습니다.

▼ 그림 12-1 마이크로서비스 로그 저장 1

이러한 문제는 로그를 관리하는 마이크로서비스를 만들고, 모든 마이크로서비스는 로그 관리 마이크로서비스에 로그를 전달하도록 하면 해결할 수 있어 좀 더 유연하게 관리할 수 있습니다.

▼ 그림 12-2 마이크로서비스 로그 저장 2

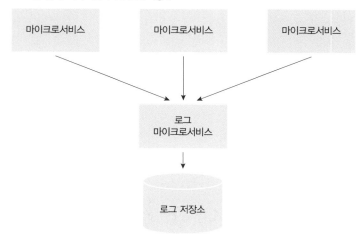

우리가 만든 마이크로서비스 아키텍처에 로그를 관리하는 마이크로서비스를 추가하겠습니다. 로그 입력 기능만 있습니다.

코드 12-1 로그 관리 마이크로서비스

예제 파일 : microservice_logs.js

```javascript
'use strict';

const cluster = require('cluster');

class logs extends require('./server.js') {
    constructor() {
        super("logs"   // ❶ POST/logs 한 가지 기능만 가지도록 함
            , process.argv[2] ? Number(process.argv[2]) : 9040
            , ["POST/logs"]
        );

        this.connectToDistributor("127.0.0.1", 9000, (data) => {
            console.log("Distributor Notification", data);
        });
    }

    onRead(socket, data) {   // ❷ 로그가 입력되면 화면에 출력
        const sz = new Date().toLocaleString() + '\t' + socket.remoteAddress + '\t' +
                socket.remotePort + '\t' + JSON.stringify(data) + '\n';
        console.log(sz);
    }
}

if (cluster.isMaster) {
    cluster.fork();

    cluster.on('exit', (worker, code, signal) => {
        console.log(`worker ${worker.process.pid} died`);
        cluster.fork();
    });
} else {
    new logs();
}
```

이전에 만든 마이크로서비스와 동일한 패턴으로 로그 관리 마이크로서비스를 만듭니다. 이름은 logs로 설정하고, 기본 포트 정보는 9040으로 지정하며, 기능은 로그 입력만 구현합니다(❶). API가 호출되면 화면에는 시간과 접속한 마이크로서비스의 주소 정보, 입력한 로그를 출력합니다(❷).

로그를 처리할 마이크로서비스가 준비되었습니다. 이제 모든 마이크로서비스의 부모 클래스를 수정해 로그 관리 마이크로서비스에 API 요청 로그를 남기도록 합니다.

코드 12-2 Server 클래스 로그 처리 기능 추가

예제 파일 : server.js

```javascript
class tcpServer {
    constructor(name, port, urls) {
        this.logTcpClient = null;  // ❶ 로그 관리 마이크로서비스 연결 클라이언트

......

            socket.on('data', (data) => {
                var key = socket.remoteAddress + ":" + socket.remotePort;
                var sz = this.merge[key] ? this.merge[key] + data.toString() :
                        data.toString();
                var arr = sz.split('¶');
                for (var n in arr) {
                    if (sz.charAt(sz.length - 1) != '¶' && n == arr.length - 1) {
                        this.merge[key] = arr[n];
                        break;
                    } else if (arr[n] == "") {
                        break;
                    } else {
                        this.writeLog(arr[n]);  // ❷ request 로그
                        this.onRead(socket, JSON.parse(arr[n]));
                    }
                }
            });
        });

......

    connectToDistributor(host, port, onNoti) {

......

        this.clientDistributor = new tcpClient(
            host
            , port
            , (options) => {
                isConnectedDistributor = true;
                this.clientDistributor.write(packet);
            }
            , (options, data) => {
```

186

```
    connectToLog(host, port) {
        this.logTcpClient = new tcpClient(
            host
            , port
            , (options) => { }
            , (options) => { this.logTcpClient = null; }
            , (options) => { this.logTcpClient = null; }
        );
        this.logTcpClient.connect();
    }

    writeLog(log) {
        if (this.logTcpClient) {
            const packet = {
                uri: "/logs",
                method: "POST",
                key: 0,
                params: log
            };
            this.logTcpClient.write(packet);
        } else {
            console.log(log);
        }
    }
}

module.exports = tcpServer;
```

개별 명령 프롬프트 창에서 Distributor, 게이트웨이, 로그 관리 마이크로서비스, 상품 관리 마이크로서비스를 각각 실행해 로그가 정상적으로 처리되는지 확인합니다.

```
> node distributor.js
> node microservice_goods.js
> node gate.js
> node microservice_logs.js
```

웹 브라우저에서 http://127.0.0.1:8000/goods를 입력해 상품 조회 API를 호출합니다. 로그 관리 마이크로서비스에 다음과 같이 로그가 출력되는 것을 확인할 수 있습니다.

```
......

2017-10-3 02:35:08 ::ffff:127.0.0.1 62881 { uri: '/logs',
  method: 'POST',
```

```
            key: 0,
            params: '{"uri":"/goods","method":"GET","params":{"key":5}}' }
```

12.2 로그 저장

로그를 분석하려면 분석하기 쉬운 형태로 저장해야 합니다. 일반적으로 많이 사용하는 파일 저장 방식과 빅데이터 솔루션 연동 방법을 알아보겠습니다.

12.2.1 fs 모듈을 이용한 파일 로그 만들기

Node.js에서는 파일 처리와 관련된 기능을 fs 모듈로 제공합니다. fs 모듈에서 많은 파일 처리 기능을 제공하지만, 쓰기용 스트림 생성 함수(createWriteStream)와 쓰기용 스트림을 이용한 파일 저장 기능(write)만 활용해 로그 파일을 저장하겠습니다.

자세한 파일 처리 내용은 Node.js 공식 매뉴얼에서 File System(https://nodejs.org/dist/latest-v6.x/docs/api/fs.html) 부분을 참고하세요.

코드 12-4 로그 파일 저장

예제 파일 : microservice_logs_file.js

```
'use strict';

const cluster = require('cluster');
const fs = require('fs');   // ❶ fs 모듈 로드

class logs extends require('./server.js') {
    constructor() {
        super("logs"
            , process.argv[2] ? Number(process.argv[2]) : 9040
            , ["POST/logs"]
        );

        // ❷ 스트림 생성
        this.writestream = fs.createWriteStream('./log.txt', { flags: 'a' });
```

```
        this.connectToDistributor("127.0.0.1", 9000, (data) => {
            console.log("Distributor Notification", data);
        });
    }

    onRead(socket, data) {
        const sz = new Date().toLocaleString() + '\t' + socket.remoteAddress + '\t' +
                socket.remotePort + '\t' + JSON.stringify(data) + '\n';
        console.log(sz);
        this.writestream.write(sz);   // ❸ 로그 파일 저장
    }
}
......
```

fs 모듈을 로드하고(❶), createWriteStream 함수를 이용해 log.txt 파일을 생성하고 append 모드로 스트림을 생성합니다(❷). 로그가 입력되면 스트림을 이용해 로그를 파일에 저장합니다(❸).

지금은 단순히 매번 로그가 입력될 때마다 같은 파일에 저장하도록 구현했지만 날짜별, 시간별로 다른 파일에 저장하거나 일정한 간격으로 로그를 모아서 파일에 저장하는 것이 더욱 효율적입니다. 각자의 시스템에 맞는 로그 저장 방식을 설계하세요.

전체 코드는 다음과 같습니다.

코드 12-5 파일 저장 로그 관리 마이크로서비스 전체 코드

예제 파일 : microservice_logs_file.js

```
'use strict';

const cluster = require('cluster');  // cluster 모듈 로드
const fs = require('fs');            // fs 모듈 로드

class logs extends require('./server.js') {
    constructor() {
        super("logs"
            , process.argv[2] ? Number(process.argv[2]) : 9040
            , ["POST/logs"]
        );

        // writestream 생성
        this.writestream = fs.createWriteStream('./log.txt', { flags: 'a' });
        this.connectToDistributor("127.0.0.1", 9000, (data) => {
            console.log("Distributor Notification", data);
        });
```

```
    }

    onRead(socket, data) {
        const sz = new Date().toLocaleString() + '\t' + socket.remoteAddress + '\t' +
                    socket.remotePort + '\t' + JSON.stringify(data) + '\n';
        console.log(sz);
        this.writestream.write(sz);   // 로그 파일 저장
    }
}

if (cluster.isMaster) {   // 자식 프로세스 실행
    cluster.fork();

    // Exit 이벤트가 발생하면 새로운 자식 프로세스 실행
    cluster.on('exit', (worker, code, signal) => {
        console.log(`worker ${worker.process.pid} died`);
        cluster.fork();
    });
} else {
    new logs();
}
```

로그 관리 마이크로서비스(microservice_logs_file.js)를 실행하고 상품 조회 API를 호출하면 동일한 폴더에 있는 log.txt 파일에 다음과 같이 로그가 저장되어 있습니다.

```
> node microservice_logs_file.js
```

log.txt 로그 파일 내용

```
2017-10-3 02:53:13   ::ffff:127.0.0.1  63151  {"uri":"/logs","method":"POST","key":0,
"params":"{\"uri\":\"/goods\",\"method\":\"GET\",\"params\":{\"key\":7}}"}
2017-10-3 02:53:58   ::ffff:127.0.0.1  63151  {"uri":"/logs","method":"POST","key":0,
"params":"{\"uri\":\"/goods\",\"method\":\"GET\",\"params\":{\"key\":8}}"}
```

12.2.2 Elasticsearch 연동

빅데이터 솔루션을 로그 관리 마이크로서비스와 연동하면 손쉽게 빅데이터 분석 환경을 구축할 수 있습니다. 인기 있는 빅데이터 솔루션 중 하나인 Elasticsearch를 연동해 로그를 저장합니다. 단 로그를 Elasticsearch에 저장하는 방법만 알아보겠습니다. 자세한 Elasticsearch 기능은 공식 사이트나 관련 문서를 참고하세요.

Note ☰ 참고로 Elasticsearch는 자바에서 동작하는 서치 엔진으로 반드시 자바가 설치되어 있어야 합니다. 자바를 설치하지 않았다면 다음 웹 사이트에서 내려받아 설치합니다.

http://www.oracle.com/technetwork/java/javase/downloads/index.html

Elasticsearch 공식 사이트(https://elastic.co)에서 **Products > Elasticsearch**로 이동해 Elasticsearch를 내려받습니다.[1]

▼ 그림 12–3 Elasticsearch 공식 사이트

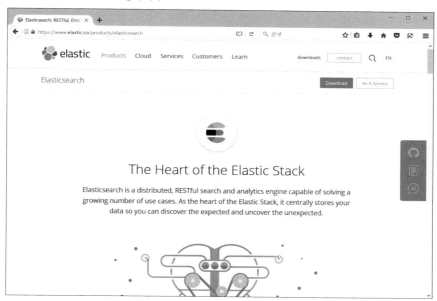

내려받은 압축 파일을 적당한 경로에 풀고 elasticsearch.bat 파일을 실행합니다. 리눅스라면 bin/elasticsearch를 실행합니다.[2]

실행하면 다음 결과가 나옵니다.

Elasticsearch 실행 결과

```
[2017-10-03T23:07:47,501][INFO ][o.e.n.Node               ] [] initializing ......
[2017-10-03T23:07:47,645][INFO ][o.e.e.NodeEnvironment    ] [iUdY-JD] using [1] data
paths, mounts [[Data_Disk (D:)]], net usable_space [452.7gb], net total_space [698.6gb],
```

---

1 책에서는 영문 웹 사이트를 기준으로 설명합니다. 웹 브라우저 옵션에서 언어를 영문으로 설정하면 영문 웹 사이트로 접속합니다.

2 윈도에서는 해당 파일을 더블클릭해도 되고, 윈도 명령 프롬프트에서 실행해도 됩니다.

```
spins? [unknown], types [NTFS]
[2017-10-03T23:07:47,647][INFO ][o.e.e.NodeEnvironment     ] [iUdY-JD] heap size [1.9gb],
compressed ordinary object pointers [true]
......
[2017-10-03T23:08:00,664][INFO ][o.e.h.n.Netty4HttpServerTransport] [iUdY-JD] publish_
address {127.0.0.1:9200}, bound_addresses {127.0.0.1:9200}, {[::1]:9200}
[2017-10-03T23:08:00,664][INFO ][o.e.n.Node                ] [iUdY-JD] started
```

이제 Node.js에서 Elasticsearch를 연동하기 위해 elasticsearch 모듈을 설치합니다.

```
> npm install elasticsearch
```

로그 관리 마이크로서비스 코드에 Elasticsearch 연동 코드를 추가합니다.

코드 12-6 로그 관리 마이크로서비스 Elasticsearch 연동

예제 파일 : microservice_logs_elasticsearch.js

```javascript
'use strict';

const cluster = require('cluster');
const fs = require('fs');
const elasticsearch = new require('elasticsearch').Client({  // ❶ elasticsearch 인스턴스 생성
    host: '127.0.0.1:9200',
    log: 'trace'
});

class logs extends require('./server.js') {
    ......

    onRead(socket, data) {
        const sz = new Date().toLocaleString() + '\t' + socket.remoteAddress + '\t' +
                socket.remotePort + '\t' + JSON.stringify(data) + '\n';
        console.log(sz);
        this.writestream.write(sz);
        data.timestamp = new Date().toISOString();        // ❷ timestamp 설정
        data.params = JSON.parse(data.params);            // ❸ JSON 포맷 변환
        elasticsearch.index({                             // ❹ 로그 저장
            index: 'microservice',
            type: 'logs',
            body: data
        });
    }
}

......
```

설치한 elasticsearch 모듈을 로드하고 client 인스턴스를 생성합니다. 우리는 로컬에 Elasticsearch를 설치했기 때문에 접속 정보를 로컬로 하고 기본 포트 정보는 9200번으로 지정했습니다(❶). 로그의 시간 정보를 저장하려고 ISO 형식의 날짜 포맷으로 timestamp 값을 설정합니다(❷). Elasticsearch는 JSON 형식을 지원하기 때문에 로그 내용을 JSON 형식으로 변환하고 (❸), microservice라는 index에 logs라는 type으로 저장합니다(❹).

전체 코드는 다음과 같습니다.

코드 12-7 Elasticsearch를 연동한 로그 관리 마이크로서비스 전체 코드

예제 파일 : microservice_logs_elasticsearch.js

```
'use strict';

const cluster = require('cluster'); // cluster 모듈 로드
const fs = require('fs');           // fs 모듈 로드
const elasticsearch = new require('elasticsearch').Client({  // elasticsearch 인스턴스 생성
    host: '127.0.0.1:9200',
    log: 'trace'
});

class logs extends require('./server.js') {
    constructor() {
        super("logs"
            , process.argv[2] ? Number(process.argv[2]) : 9040
            , ["POST/logs"]
        );

        // writestream 생성
        this.writestream = fs.createWriteStream('./log.txt', { flags: 'a' });

        this.connectToDistributor("127.0.0.1", 9000, (data) => {
            console.log("Distributor Notification", data);
        });
    }

    onRead(socket, data) {
        const sz = new Date().toLocaleString() + '\t' + socket.remoteAddress + '\t' +
                socket.remotePort + '\t' + JSON.stringify(data) + '\n';
        console.log(sz);
        this.writestream.write(sz);                        // 로그 파일 저장
        data.timestamp = new Date().toISOString();         // timestamp 설정
        data.params = JSON.parse(data.params);             // JSON 포맷 변환
        elasticsearch.index({
            index: 'microservice',                         // index
```

```
            type: 'logs',                                  // type
            body: data
        });
    }
}

if (cluster.isMaster) {   // 자식 프로세스 실행
    cluster.fork();

    // Exit 이벤트가 발생하면 새로운 자식 프로세스 실행
    cluster.on('exit', (worker, code, signal) => {
        console.log(`worker ${worker.process.pid} died`);
        cluster.fork();
    });
} else {
    new logs();
}
```

웹 브라우저에서 상품 조회 API http://127.0.0.1:8000/goods를 호출해 로그가 정상적으로 저장되는지 확인합니다. 이제 Elasticsearch에 로그가 저장되었습니다. elasticsearch > logs 폴더를 보면 생성된 로그가 들어 있습니다.

12.2.3 Kibana를 이용한 시각화

Elasticsearch 전용 시각화 툴인 Kibana를 설치해서 로그가 정상적으로 저장되었는지 확인하겠습니다. Kibana는 Elasticsearch 공식 사이트에서 운영체제별로 내려받을 수 있습니다.

Elasticsearch 공식 사이트 https://www.elastic.co에서 Products > Kibana로 이동해 Kibana를 내려받습니다.

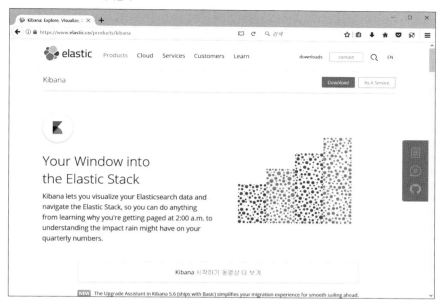

내려받은 Kibana를 적당한 경로에서 압축을 푼 후 kibana.bat 파일을 실행합니다. 리눅스라면 bin/kibana를 실행합니다. 실행하면 다음 결과가 나옵니다.

kibana 실행 결과

```
log    [14:11:02.233] [info][status][plugin:kibana@5.6.2] Status changed from
uninitialized to green - Ready
  log    [14:11:02.389] [info][status][plugin:elasticsearch@5.6.2] Status changed from
uninitialized to yellow - Waiting for Elasticsearch
  log    [14:11:02.521] [info][status][plugin:console@5.6.2] Status changed from
uninitialized to green - Ready
  log    [14:11:02.545] [info][status][plugin:metrics@5.6.2] Status changed from
uninitialized to green - Ready
  log    [14:11:04.246] [info][status][plugin:timelion@5.6.2] Status changed from
uninitialized to green - Ready
  log    [14:11:04.260] [info][listening] Server running at http://localhost:5601
  log    [14:11:04.262] [info][status][ui settings] Status changed from uninitialized to
yellow - Elasticsearch plugin is yellow
  log    [14:11:04.475] [info][status][plugin:elasticsearch@5.6.2] Status changed from
yellow to green - Kibana index ready
log    [14:11:04.477] [info][status][ui settings] Status changed from yellow to green -
Ready
```

Kibana를 이용해 로그를 확인하겠습니다. 웹 브라우저에서 http://127.0.0.1:5601로 접속합니다. 다음 초기 설정 화면이 나타나면 Index pattern에 'microservice'를 입력하고 Create를 누릅니다.

▼ 그림 12-5 Kibana 초기 설정 화면

Discover 메뉴로 이동하면 우리가 호출한 상품 조회 API의 로그를 확인할 수 있습니다.

▼ 그림 12-6 Discover 화면

Kibana는 다양한 시각화 기능을 제공하므로 원하는 검색 결과를 다양한 차트로 표현할 수 있고, 루씬 문법을 이용해 다양한 검색 조건을 활용할 수 있습니다.

▼ 그림 12-7 Kibana 차트

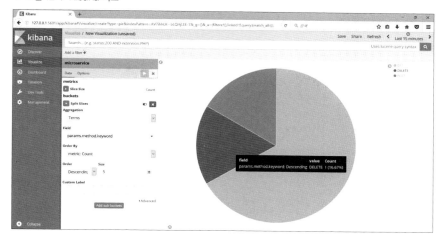

자세한 내용은 Kibana 공식 사이트나 관련 문서를 참고하세요.

NODE.JS MICROSERVICES

12.3 / 정리

- 로그 관리 마이크로서비스를 이용해 모든 로그를 관리하면 효과적이다.
  - 개별적으로 로그를 처리하면 향후 유지 보수 비용이 많이 발생한다.
- fs 모듈을 이용해 로그를 파일로 저장할 수 있다.
  - fs 모듈은 파일 처리와 관련된 대부분의 기능을 제공한다.
- 로그 관리 마이크로서비스와 빅데이터 솔루션을 연동하면 손쉽게 빅데이터 분석 환경을 구축할 수 있다.
  - 빅데이터 솔루션인 Elasticsearch에 로그를 저장하고 전용 시각화 툴인 Kibana를 활용하면 로그를 검색하고 다양한 차트를 분석할 수 있다.

13^장

보안과 모니터링

마이크로서비스의 개수는 수십, 수백 혹은 그 이상이 될 수도 있습니다. 모놀리식 아키텍처에서는 사람이 각 프로세스들을 인지할 수 있었지만, 마이크로서비스에서는 사람이 인지력으로 통제하기 쉽지 않습니다. 외부에 노출하면 안 되는 API를 노출하거나 비정상적인 상태의 마이크로서비스가 있으면 서비스에 큰 문제를 일으키기 때문에 마이크로서비스 아키텍처에서는 보안과 모니터링 기능을 고려해야 합니다.

14^장

마이크로서비스 배포

이 장에서는 마이크로서비스 배포 자동화와 가상화 기술을 알아보겠습니다.

14.1 마이크로서비스와 배포

마이크로서비스 아키텍처는 모놀리식 아키텍처보다 관리해야 하는 프로세스가 많고 마이크로서비스별로 개발팀이 다를 수 있기 때문에 모놀리식 아키텍처보다 상대적으로 배포와 운영이 어렵습니다.

▼ 그림 14-1 모놀리식과 마이크로서비스 아키텍처의 산출물 비교

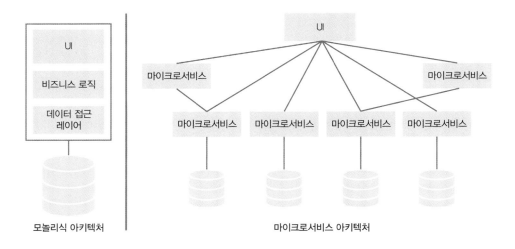

마이크로서비스의 배포와 운영에 필요한 배포 자동화, 데브옵스, 가상화 기술을 알아보겠습니다. 배포와 운영은 주제가 방대해 책에서 모두 다루기에는 무리가 있어 내용만 간략하게 알아보겠습니다.

14.2 배포 자동화

마이크로서비스를 독립적으로 배포하는 것은 마이크로서비스 아키텍처의 중요한 목표입니다. 수십, 수백 개의 마이크로서비스를 독립적으로 배포하려면 적절한 배포 전략과 그에 맞는 배포 자동화 툴을 선택해야 합니다. 우선 배포 전략부터 알아보겠습니다.

배포에는 다양한 전략이 있습니다. 대표적으로 롤백(rollback), 블루-그린 배포(blue-green deployment), 지속적인 배포(continuous deployment)가 있습니다.

- 롤백은 배포에 문제가 발생하면 이전의 안정적인 배포 버전으로 되돌리는 개념입니다.
- 블루-그린 배포는 동일한 환경을 2개 구축하고, 한쪽이 라이브 서비스를 제공하는 동안 다른 한쪽에서는 배포를 진행해 스위칭으로 라이브 서비스와 배포 환경을 바꾸는 방법입니다.
- 지속적인 배포는 언제든지 소프트웨어를 빌드해 서비스에 배포할 수 있도록 하는 소프트웨어 개발 방법입니다.

이러한 배포 전략을 자동화할 수 있는 다양한 툴이 있는데, 대표적인 툴에 Jenkins(https://jenkins.io), Puppet(https://puppet.com), Chef(https://www.chef.io), SaltStack (https://saltstack.com) 등이 있습니다.

▼ 그림 14-2 Jenkins 공식 사이트

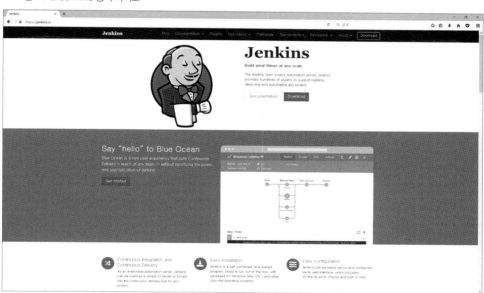

조직에 적합한 배포 전략과 툴을 활용해 자동화된 배포 프로세스를 구축하는 것이 중요합니다.

14.3 가상화

마이크로서비스는 짧고 빠른 개발 주기를 목표로 합니다. 그런데 새로운 마이크로서비스가 생길 때마다 새로운 하드웨어를 구축하는 것은 매우 비효율적입니다. 이러한 마이크로서비스를 운영할 때 대표적으로 활용하는 것이 바로 도커(Docker) 같은 경량화된 가상화 기술입니다.

도커는 경량화된 가상화를 제공합니다. 기존 가상화 방식은 주로 운영체제를 가상화했는데, 호스트 운영체제 위에 게스트 운영체제 전체를 가상화하는 방식이라 동작이 무겁고 느립니다. 반면 도커는 프로세스를 격리하는 방식으로 불필요한 게스트 운영체제를 개선해 컨테이너 여러 개가 독립적으로 실행하게 합니다.

▼ 그림 14-3 기존 가상화와 도커의 차이

도커의 실행 방식은 마이크로서비스를 서비스하기 적합한 환경을 제공합니다. 또 도커 컨테이너는 기본적으로 모든 유형의 리눅스 소프트웨어를 실행하기 때문에 우리가 만든 Node.js 마이크로서비스를 서비스하는 데 이상적인 환경을 제공합니다. 실제로 많은 기업에서 도커 기반의 마이크로서비스 아키텍처를 운영하고 있습니다.

자세한 도커 내용은 도커 공식 사이트(https://www.docker.com)에서 확인할 수 있습니다.

▼ 그림 14-4 도커 공식 사이트

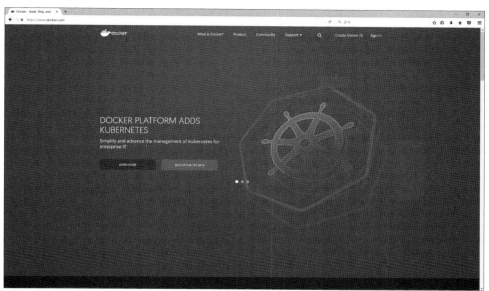

14.4 정리

- 마이크로서비스 아키텍처는 모놀리식 아키텍처보다 상대적으로 배포와 운영이 어렵다.

- 배포 자동화

  - 배포 전략

  - 롤백(rollback)

  - 블루-그린 배포(blue-green deployment)

  - 지속적인 배포(continuous deployment)

- 가상화

  - 도커의 실행 방식은 마이크로서비스를 서비스하기 적합한 환경을 제공한다.

15장

마이크로서비스와 조직

이 장에서는 마이크로서비스에 적합한 조직 구성을 알아보겠습니다. 조직을 구성할 때는 기업 특성은 물론 다양한 주제를 고민해야 합니다. 책에서는 참고가 될 만한 간단한 주제만 다루겠습니다.

15.1 콘웨이 법칙과 피자 두 판의 법칙

마이크로서비스 아키텍처와 상반된 조직 구성에서 마이크로서비스 아키텍처를 개발하는 것이 가능할까요? 개발 엔지니어와 운영 엔지니어가 서로 다른 조직에 소속되어 있을 때 마이크로서비스 아키텍처를 안정적으로 서비스할 수 있을까요?

아무리 좋은 개발 방법론도 이를 조직이 제대로 받아들이지 못하면 실패합니다. 그렇다면 마이크로서비스에 적합한 조직은 어떻게 구성해야 할까요? 콘웨이 법칙을 이용해 조직 구성과 시스템 아키텍처 간 상관관계를 이해할 수 있습니다.

콘웨이 법칙은 멜빈 콘웨이(Melvin Conway)가 제안한 법칙으로 시스템 구조는 설계하는 조직의 커뮤니케이션 구조와 닮는다는 내용입니다. 시스템은 대부분 설계에 참여한 각 조직의 역할에 맞추어 설계합니다. 예를 들어 네 팀이 시스템 하나를 만들면 시스템 내부는 네 단계의 구조를 갖습니다. 이렇듯 조직의 구성과 시스템의 구조는 서로 밀접한 관련이 있습니다. 마이크로서비스별로 적절히 팀을 분리하면 마이크로서비스 아키텍처를 개발하는 데 효과적입니다. 그렇다면 몇 명의 인원이 한 팀으로 적합할까요? 피자 두 판의 법칙에서 힌트를 얻을 수 있습니다.

피자 두 판의 법칙은 아마존닷컴의 CEO인 제프 베조스(Jeffrey Preston Bezos)가 한 주장으로 한 팀의 구성원은 피자 두 판으로 식사가 가능한 인원수를 넘어서는 안 된다는 것입니다. 실제로 팀 구성원이 많을수록 커뮤니케이션 비용은 기하급수적으로 증가하기 때문에 한 팀의 인원수를 적절하게 분배하는 것이 중요합니다.

콘웨이 법칙과 피자 두 판의 법칙을 이용해 마이크로서비스 아키텍처에 적합한 조직 구성에 필요한 힌트를 얻었습니다. 다음 절에서는 마이크로서비스 아키텍처에 가장 적합한 조직 구성인 데브옵스를 알아보겠습니다.

15.2 / 데브옵스

콘웨이 법칙에서 언급했듯이 조직 구성과 그 조직이 만든 시스템 아키텍처는 서로 닮아 있습니다. 마이크로서비스 아키텍처를 도입한 회사라면 조직도 마이크로서비스별로 나누는 것이 효율적입니다. 이때 마이크로서비스를 개발하는 팀은 여럿인데 배포와 운영은 한곳에서 담당하게 되면 커뮤니케이션부터 배포 프로세스, 운영 방식 등에서 여러 문제가 일어납니다. 이러한 문제점을 해결하는 개념으로 데브옵스가 있습니다.

▼ 그림 15-1 데브옵스 개념

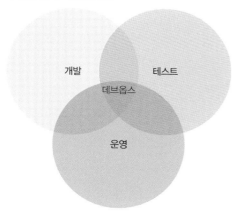

데브옵스(DevOps)는 개발(Development)과 운영(Operations)의 합성어로 개발과 운영을 한 팀으로 합치는 것을 의미합니다.

각자 전문 분야가 다른 엔지니어를 한 팀으로 구성하면 업무 효율이 향상되기 어렵다고 생각할 수도 있습니다. 하지만 실제로는 개발자와 운영 엔지니어를 한 팀으로 구성하면 서로의 영역에 조금씩 가까워지는 현상이 발생합니다. 운영 엔지니어는 자동화와 관련된 테스트를 하게 되므로 소프트웨어 개발의 한 축을 책임지고, 개발자들은 모니터링과 로그 분석, 배포에 좀 더 집중합니다. 이는 결국 운영 엔지니어와 개발자 간 기술적 교류를 활발하게 합니다.

마이크로서비스와 데브옵스는 서로 잘 어울리는 개념입니다. 마이크로서비스별로 팀들이 데브옵스를 구성하면 마이크로서비스별로 최적화된 개발-배포-운영 프로세스를 구축할 수 있고, 각종 문제에도 긴밀하게 대응할 수 있습니다. 하지만 조직의 변화와 관련된 주제는 역사가 오래된 기업일수록 쉽게 결정할 수 없으므로 데브옵스의 적용은 다양한 관점의 고찰이 필요합니다.

자세한 데브옵스 내용은 관련 도서를 참고하세요.

15.3 / 정리

데브옵스

- 데브옵스(DevOps)는 개발(Development)과 운영(Operations)의 합성어로 개발과 운영을 한 팀으로 합치는 것을 의미한다.
- 마이크로서비스와 데브옵스는 서로 잘 어울리는 개념이다.

윈도 환경에서
Node.js 설치

윈도 환경에서 Node.js를 설치하는 방법을 살펴봅니다.

A.1 Node.js 내려받기

Node.js 공식 사이트(https://nodejs.org)에 접속합니다. Node.js 공식 사이트 메인 화면에서
는 접속한 사용자의 운영체제에 맞는 안정화 버전인 LTS 버전과 최신 버전인 Current 버전을 바
로 내려받을 수 있도록 안내합니다. 안정화 버전인 LTS 버전을 내려받겠습니다. **8.9.3 LTS**를 클
릭합니다.

❤ 그림 A-1 Node.js 공식 사이트

참고로 **DOWNLOADS** 메뉴로 이동하면 지원하는 모든 운영체제 버전과 소스 코드를 내려받을
수 있습니다.

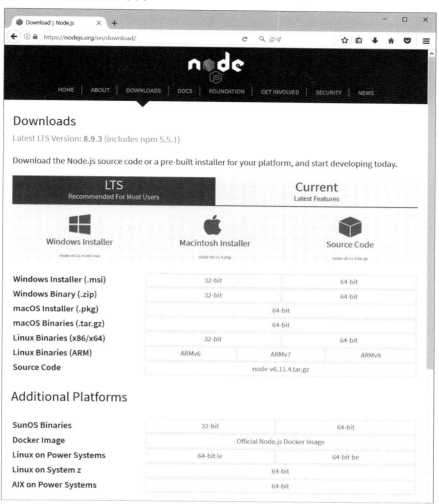

▼ 그림 A-2 DOWNLOADS 페이지

A.2 Node.js 설치

내려받은 설치 파일을 실행합니다. 일반적으로 Node.js는 별도의 설정 없이 기본값으로 설치합니다. 첫 화면이 나타나면 **Next**를 누릅니다.

▼ 그림 A-3 Node.js 설치 파일 실행

라이선스에 동의하고 Next를 누릅니다.

▼ 그림 A-4 Node.js 라이선스 동의

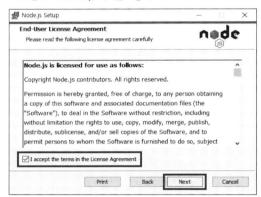

설치할 경로를 선택할 수 있습니다. 기본 설정 값으로 설치하겠습니다. Next를 누릅니다.

▼ 그림 A-5 Node.js 설치 경로

다음과 같이 설정 옵션 화면이 나타납니다. 기본 설정 값으로 설치합니다. Next를 누릅니다.

❤ 그림 A-6 Node.js 설치 옵션

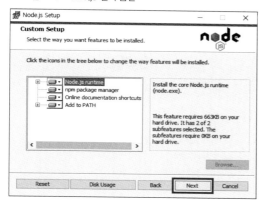

- Node.js runtime : Node.js의 코어 라이브러리를 의미합니다. 반드시 설치해야 하는 항목입니다.

- npm package manager : Node.js의 확장 모듈 설치를 도와주는 툴로 부록 B에서 상세히 다룹니다.

- Online documentation shortcuts : Node.js 온라인 매뉴얼에 접속할 수 있는 바로가기 링크가 함께 설치됩니다.

- Add to PATH : 모든 경로에서 Node.js를 실행할 수 있도록 설정합니다.

모든 설정을 완료했습니다. Install을 눌러 설치를 시작합니다.

❤ 그림 A-7 Node.js 설치 실행

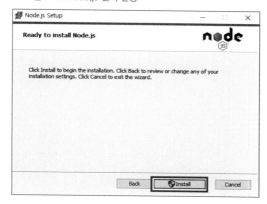

설치가 완료되면 설치 완료 화면을 확인할 수 있습니다.

▼ 그림 A-8 Node.js 설치 진행

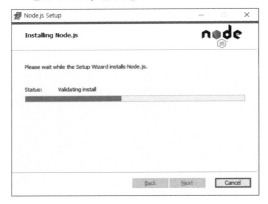

▼ 그림 A-9 Node.js 설치 완료

npm 기본 사용법

npm(node package modules)은 **자바스크립트 패키지 매니저입니다.** 많은 양의 모듈 및 소스 코드가 등록되어 있어 원하는 패키지를 내려받아 재사용성을 극대화할 수 있습니다. npm은 Node.js를 설치할 때 함께 설치되므로 별도의 설치 과정이 필요 없습니다.

B.1 npm 공식 사이트

npm 공식 사이트에서 등록된 패키지를 검색할 수 있습니다. 공식 사이트(http://www.npmjs.com)에 접속합니다.

▼ 그림 B-1 npm 공식 사이트

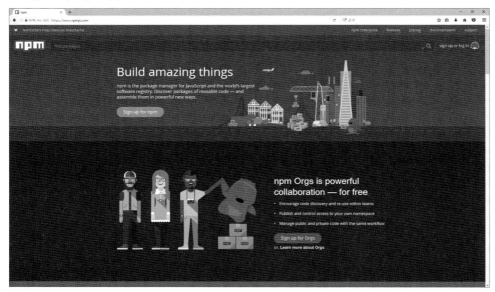

검색창에 원하는 확장 모듈 키워드를 입력해 검색할 수 있습니다. MySQL과 MariaDB를 연동할 수 있게 도와주는 mysql 모듈을 검색합니다.

❤ 그림 B-2 모듈 검색

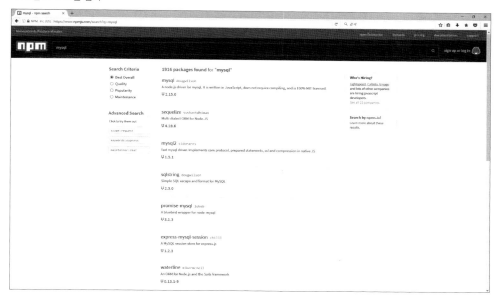

MySQL과 관련된 패키지들이 검색되는 것을 확인할 수 있습니다.

B.2 npm 명령어

npm 명령어로 다양한 기능을 수행할 수 있습니다.

B.2.1 npm 버전 확인

-v 옵션으로 npm 버전을 확인할 수 있습니다.

버전 확인

```
> npm -v
3.10.10
```

B.2.2 도움말

-h 옵션으로 실행 가능한 명령어를 조회할 수 있습니다.

```
> npm -h
Usage: npm <command>

where <command> is one of:
    access, adduser, bin, bugs, c, cache, completion, config,
    ddp, dedupe, deprecate, dist-tag, docs, edit, explore, get,
    help, help-search, i, init, install, install-test, it, link,
    list, ln, login, logout, ls, outdated, owner, pack, ping,
    prefix, prune, publish, rb, rebuild, repo, restart, root,
    run, run-script, s, se, search, set, shrinkwrap, star,
    stars, start, stop, t, tag, team, test, tst, un, uninstall,
    unpublish, unstar, up, update, v, version, view, whoami

npm <cmd> -h     quick help on <cmd>
npm -l           display full usage info
npm help <term>  search for help on <term>
npm help npm     involved overview

Specify configs in the ini-formatted file:
    C:\Users\microservice\.npmrc
or on the command line via: npm <command> --key value
Config info can be viewed via: npm help config

npm@3.10.10 C:\Program Files\nodejs\node_modules\npm
```

명령어 뒤에 -h 옵션을 붙이면 해당 명령어의 설명을 자세히 확인할 수 있습니다.

```
> npm install -h
npm install (with no args, in package dir)
npm install [<@scope>/]<pkg>
npm install [<@scope>/]<pkg>@<tag>
npm install [<@scope>/]<pkg>@<version>
npm install [<@scope>/]<pkg>@<version range>
npm install <folder>
```

```
npm install <tarball file>
npm install <tarball url>
npm install <git:// url>
npm install <github username>/<github project>

aliases: i, isntall
common options: [--save¦--save-dev¦--save-optional] [--save-exact]
```

B.2.3 install 명령어

가장 많이 사용하는 명령어는 install입니다. npm install <모듈>을 입력하면 해당 모듈이 설치됩니다. 다음은 mysql 모듈을 설치하는 화면입니다.

install 명령어로 mysql 모듈 설치

```
> npm install mysql
C:\Users\microservice
`-- mysql@2.15.0
  +-- bignumber.js@4.0.4
  +-- readable-stream@2.3.3
  ¦ +-- core-util-is@1.0.2
  ¦ +-- inherits@2.0.3
  ¦ +-- isarray@1.0.0
  ¦ +-- process-nextick-args@1.0.7
  ¦ +-- string_decoder@1.0.3
  ¦ `-- util-deprecate@1.0.2
  +-- safe-buffer@5.1.1
  `-- sqlstring@2.3.0

npm WARN enoent ENOENT: no such file or directory, open 'C:\Users\microservice\package.json'
npm WARN microservice No description
npm WARN microservice No repository field.
npm WARN microservice No README data
npm WARN microservice No license field.
```

B.2.4 remove 명령어

설치된 모듈을 삭제하고 싶다면 npm remove <모듈명>을 입력합니다. 다음은 설치된 mysql 모듈을 삭제하는 코드입니다.

remove 명령어로 mysql 모듈 삭제

```
> npm remove mysql
- core-util-is@1.0.2 node_modules\core-util-is
- inherits@2.0.3 node_modules\inherits
- isarray@1.0.0 node_modules\isarray
- process-nextick-args@1.0.7 node_modules\process-nextick-args
- safe-buffer@5.1.1 node_modules\safe-buffer
- string_decoder@1.0.3 node_modules\string_decoder
- util-deprecate@1.0.2 node_modules\util-deprecate
- bignumber.js@4.0.4 node_modules\bignumber.js
- readable-stream@2.3.3 node_modules\readable-stream
- sqlstring@2.3.0 node_modules\sqlstring
- mysql@2.15.0 node_modules\mysql
npm WARN enoent ENOENT: no such file or directory, open 'C:\Users\microservice\package.json'
npm WARN microservie No description
npm WARN microservie No repository field.
npm WARN microservie No README data
npm WARN microservie No license field.
```

B.2.5 init 명령어

앞에서 실행한 install과 remove에서 'npm WARN enoent ENOENT: no such file or directory, open ...... package.json' 같은 경고 메시지를 확인할 수 있었습니다. 이는 package.json 파일이 없기 때문에 발생하는 경고 메시지입니다. package.json은 현재 소프트웨어가 참조하는 확장 모듈들의 목록을 관리해 배포하기 쉽도록 도와주는 파일입니다.

npm init 명령어를 이용해 package.json 파일을 생성하겠습니다.

npm init 명령어

```
> npm init
This utility will walk you through creating a package.json file.
It only covers the most common items, and tries to guess sensible defaults.
```

```
See `npm help json` for definitive documentation on these fields
and exactly what they do.

Use `npm install <pkg> --save` afterwards to install a package and
save it as a dependency in the package.json file.

Press ^C at any time to quit.
name: (microservice) microservice
version: (1.0.0) 1.0.0
description: test
git repository: git
keywords: test keyword
author: microservice
license: (ISC)
About to write to C:\Users\jdc\package.json:

{
  "name": "microservice",
  "version": "1.0.0",
  "description": "test",
  "main": "index.js",
  "dependencies": {},
  "devDependencies": {},
  "scripts": {
    "test": "echo \"Error: no test specified\" && exit 1"
  },
  "author": "microservice",
  "license": "ISC",
  "repository": {
    "type": "git",
    "url": "git"
  },
  "keywords": [
    "test",
    "keyword"
  ]
}

Is this ok? (yes) yes
```

npm init를 입력하면 현재 소프트웨어의 이름(name), 버전(version), 설명(description), 깃 저장소(git repository), 키워드(keywords), 저자명(author), 라이선스(license) 정보를 물어봅니다. 적절한 값을 입력한 후 'Is this ok?'라는 물음에 'yes'라고 입력하면 package.json 파일이 자동 생성됩니다.

생성된 package.json 파일 내용을 조회하기 위해 type package.json을 입력합니다.

package.json 파일 내용 조회

```
> type package.json
{
  "name": "microservice",
  "version": "1.0.0",
  "description": "test",
  "main": "index.js",
  "dependencies": {},
  "devDependencies": {},
  "scripts": {
    "test": "echo \"Error: no test specified\" && exit 1"
  },
  "author": "microservice",
  "license": "ISC",
  "repository": {
    "type": "git",
    "url": "git"
  },
  "keywords": [
    "test",
    "keyword"
  ]
}
```

앞에서 입력한 내용이 package.json 파일에 반영되었습니다. package.json 파일이 있는 경로에 mysql 모듈을 다시 설치하겠습니다. 이때 package.json 파일에 자동으로 등록하도록 –save 옵션을 입력합니다.

–save 옵션 입력

```
> npm install mysql –save
microservice@1.0.0 C:\Users\microservice
`-- mysql@2.15.0
  +-- bignumber.js@4.0.4
  +-- readable-stream@2.3.3
```

```
¦ +-- core-util-is@1.0.2
¦ +-- inherits@2.0.3
¦ +-- isarray@1.0.0
¦ +-- process-nextick-args@1.0.7
¦ +-- string_decoder@1.0.3
¦ `-- util-deprecate@1.0.2
+-- safe-buffer@5.1.1
`-- sqlstring@2.3.0
```

package.json 파일에 mysql 모듈이 등록되었는지 확인하려고 type package.json을 입력해 파일 내용을 조회합니다.

package.json 파일에 자동 등록된 모듈명 확인

```
> type package.json
{
  "name": "microservice",
  "version": "1.0.0",
  "description": "test",
  "main": "index.js",
  "dependencies": {
    "mysql": "^2.15.0"
  },
  "devDependencies": {},
  "scripts": {
    "test": "echo \"Error: no test specified\" && exit 1"
  },
  "author": "microservice",
  "license": "ISC",
  "repository": {
    "type": "git",
    "url": "git"
  },
  "keywords": [
    "test",
    "keyword"
  ]
}
```

dependencies 항목에 mysql 모듈이 등록되었습니다. 이제 삭제해 보겠습니다. uninstall 명령어는 remove와 수행하는 기능이 같습니다. install 명령어와 동일하게 뒤에 –save 옵션을 붙여 실행합니다.

```
> npm uninstall mysql -save
- bignumber.js@4.0.4 node_modules\bignumber.js
- core-util-is@1.0.2 node_modules\core-util-is
- inherits@2.0.3 node_modules\inherits
- isarray@1.0.0 node_modules\isarray
- process-nextick-args@1.0.7 node_modules\process-nextick-args
- safe-buffer@5.1.1 node_modules\safe-buffer
- sqlstring@2.3.0 node_modules\sqlstring
- string_decoder@1.0.3 node_modules\string_decoder
- util-deprecate@1.0.2 node_modules\util-deprecate
- readable-stream@2.3.3 node_modules\readable-stream
- mysql@2.15.0 node_modules\mysql
```

package.json 파일에서 mysql 모듈이 삭제되었는지 확인하려고 type package.json을 입력해 조회합니다.

```
> type package.json
{
  "name": "microservice",
  "version": "1.0.0",
  "description": "test",
  "main": "index.js",
  "dependencies": {},
  "devDependencies": {},
  "scripts": {
    "test": "echo \"Error: no test specified\" && exit 1"
  },
  "author": "microservice",
  "license": "ISC",
  "repository": {
    "type": "git",
    "url": "git"
  },
  "keywords": [
    "test",
    "keyword"
  ]
}
```

package.json 파일에서 mysql 모듈 내용이 삭제되었습니다.

B.2.6 package.json을 이용한 설치

package.json 파일에서 필요한 패키지명을 작성하고 npm install 명령어를 입력하면 필요한 모든 패키지를 자동으로 설치합니다. package.json에 mysql 모듈을 수동으로 입력합니다.

package.json 수정

```json
{
  "name": "microservice",
  "version": "1.0.0",
  "description": "test",
  "main": "index.js",
  "dependencies": {
    "mysql": "^2.15.0"
  },
  "devDependencies": {},
  "scripts": {
    "test": "echo \"Error: no test specified\" && exit 1"
  },
  "author": "microservice",
  "license": "ISC",
  "repository": {
    "type": "git",
    "url": "git"
  },
  "keywords": [
    "test",
    "keyword"
  ]
}
```

npm list 명령어를 이용해 현재 설치된 패키지를 조회할 수 있습니다. npm list를 입력합니다.

npm list 명령어로 설치된 패키지 조회

```
> npm list
microservice@1.0.0 C:\Users\microservice
`-- UNMET DEPENDENCY mysql@^2.15.0

npm ERR! missing: mysql@^2.15.0, required by microservice@1.0.0
```

package.json에는 mysql 모듈이 필요하다고 되어 있지만, 실제로는 설치되지 않아서 npm ERR! missing: mysql@^2.15.0, required by microservice@1.0.0 에러 메시지를 출력합니다.

npm install 명령어를 입력해 자동으로 설치합니다.

npm install 명령어로 자동 설치

```
> npm install
microservice@1.0.0 C:\Users\microservice
`-- mysql@2.15.0
  +-- bignumber.js@4.0.4
  +-- readable-stream@2.3.3
  ¦ +-- core-util-is@1.0.2
  ¦ +-- inherits@2.0.3
  ¦ +-- isarray@1.0.0
  ¦ +-- process-nextick-args@1.0.7
  ¦ +-- string_decoder@1.0.3
  ¦ `-- util-deprecate@1.0.2
  +-- safe-buffer@5.1.1
  `-- sqlstring@2.3.0
```

npm list 명령어를 입력해 제대로 설치되었는지 확인합니다.

npm list 명령어로 설치 확인

```
> npm list
microservice@1.0.0 C:\Users\microservice
`-- mysql@2.15.0
  +-- bignumber.js@4.0.4
  +-- readable-stream@2.3.3
  ¦ +-- core-util-is@1.0.2
  ¦ +-- inherits@2.0.3
  ¦ +-- isarray@1.0.0
  ¦ +-- process-nextick-args@1.0.7
  ¦ +-- string_decoder@1.0.3
  ¦ `-- util-deprecate@1.0.2
  +-- safe-buffer@5.1.1
  `-- sqlstring@2.3.0
```

mysql 모듈이 설치되었습니다. package.json 파일로 손쉽게 배포할 수 있습니다.

B.2.7 특정 버전 설치

시간이 지나면서 내가 만든 프로그램이 특정 버전의 모듈에서만 동작하는 상황이 발생합니다. 이 때는 @<버전>을 입력하면 원하는 버전을 설치할 수 있습니다.

mysql 모듈의 2.1 버전을 설치하겠습니다. npm install mysql@2.1을 입력합니다.

특정 버전 설치

```
> npm install mysql@2.1
microservice@1.0.0 C:\Users\microservice
`-- mysql@2.1.1
  +-- bignumber.js@1.0.1
  +-- readable-stream@1.1.14
  ¦ +-- core-util-is@1.0.2
  ¦ +-- inherits@2.0.3
  ¦ +-- isarray@0.0.1
  ¦ `-- string_decoder@0.10.31
  `-- require-all@0.0.3
```

모듈의 최신 버전이 궁금하다면 view 명령어를 사용합니다.

최신 버전 확인

```
> npm view mysql version
2.15.0
```

C

윈도 환경에서 MariaDB 설치

MariaDB는 오픈 소스의 관계형 데이터베이스 관리 시스템(RDBMS)입니다. MySQL처럼 소스 코드를 기반으로 하며, GPL v2 라이선스를 따릅니다. MySQL과도 잘 호환됩니다.

C.1 MariaDB 내려받기

MariaDB 공식 사이트(https://mariadb.org)에 접속합니다. 위쪽 메뉴에서 Download를 클릭합니다.

❤ 그림 C-1 MariaDB 공식 사이트

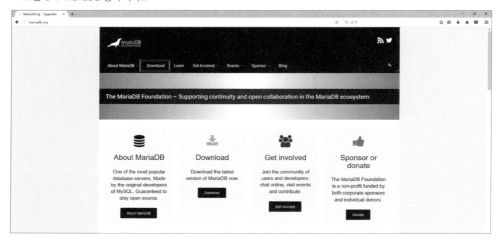

다음 화면이 나타나면 설치 파일을 내려받을 수 있는 Download를 클릭합니다.

❤ 그림 C-2 Download 클릭

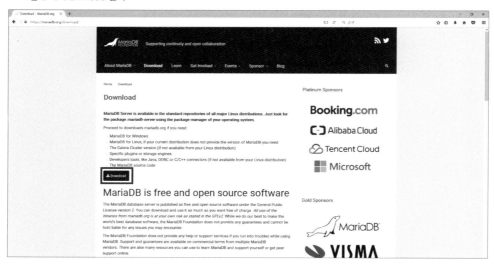

▼ 그림 C-11 사용 정보 전송 동의

모든 옵션 설정을 완료했습니다. Install을 눌러 설치를 진행합니다.

▼ 그림 C-12 옵션 설정 완료

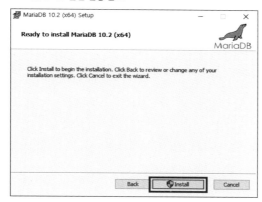

▼ 그림 C-13 설치 진행

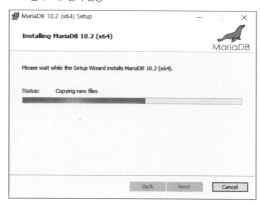

설치가 완료되면 Finish를 누릅니다.

▼ 그림 C-14 설치 완료

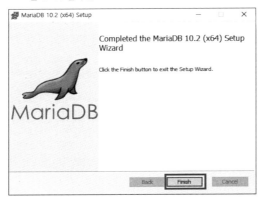

C.3 MariaDB 접속

설치한 MariaDB에 MySQL Client 콘솔로 접속하겠습니다. **윈도 메뉴**에서 MariaDB 10.2 (x64)
> MySQL Client (MariaDB 10.2 (x64))를 클릭해 실행합니다.

▼ 그림 C-15 MySQL Client (MariaDB 10.2 (x64)) 실행

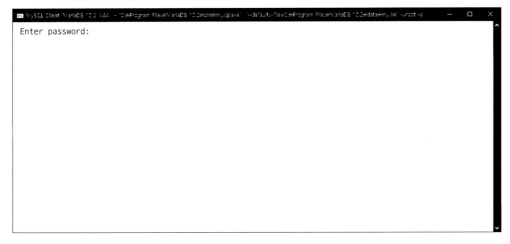

설치할 때 생성한 root 계정의 패스워드를 입력하면 MariaDB에 접속되는 것을 확인할 수 있습니다.

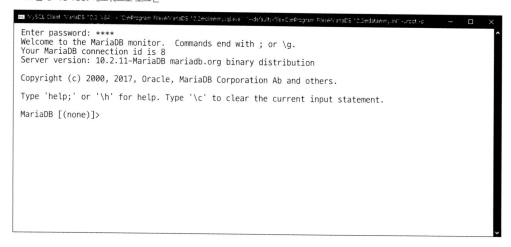

show databases;를 입력해 데이터베이스 목록을 조회합니다.

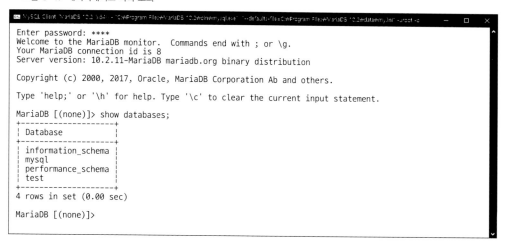

기본으로 설치된 데이터베이스 목록을 출력합니다. MySQL Client를 이용해 원하는 쿼리를 실행할 수 있습니다.

윈도 환경에서
cURL 설치

cURL은 다양한 통신 프로토콜을 이용해 데이터를 전송하는 라이브러리와
명령 줄 툴을 제공하는 무료 라이브러리입니다. cURL을 이용해 마이크로서
비스의 API를 호출할 수 있습니다.

D.1 cURL 내려받기

cURL 공식 사이트(https://curl.haxx.se)에 접속합니다. Download를 클릭합니다.

❤ 그림 D-1 cURL 공식 사이트

다음 화면에서 윈도용 최신 cURL을 내려받습니다. 필자는 Win64 x86_64 7zip을 내려받았습니다.

❤ 그림 D-2 윈도용 cURL 내려받기 페이지

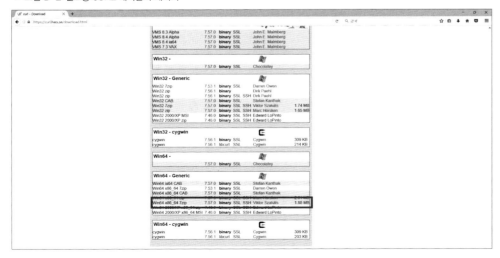

내려받은 cURL의 압축을 풀고 하위 경로의 bin 디렉터리로 이동하면 curl.exe 실행 파일이 있습니다.

▼ 그림 D-3 curl.exe 실행 파일

D.2 cURL 명령어

명령 프롬프트에서 curl.exe를 실행해 웹 페이지를 호출할 수 있습니다. 명령 프롬프트에서 curl.exe 파일이 있는 경로로 이동합니다. Google.com을 호출하겠습니다. 명령 프롬프트에 `curl www.google.com`을 입력합니다.

cURL로 www.google.com 호출

```
D:\curl-7.56.1-win64-mingw\bin> curl www.google.com

<HTML><HEAD><meta http-equiv="content-type" content="text/html;charset=utf-8">
<TITLE>302 Moved</TITLE></HEAD><BODY>
<H1>302 Moved</H1>
The document has moved
<A HREF="http://www.google.co.kr/?gfe_rd=cr&amp;dcr=0&amp;ei=p8ztWerXOeXd8Aeulw8">here</A>.
</BODY></HTML>
```

HTML 내용이 호출됩니다.

D

D.2.1 −v 옵션을 이용한 상세 조회

−v 옵션을 이용하면 좀 더 자세하게 조회할 수 있습니다. curl −v www.google.com을 입력합니다.

−v 옵션을 이용한 상세 조회

```
D:\curl-7.56.1-win64-mingw\bin> curl -v www.google.com
* Rebuilt URL to: www.google.com/
*   Trying 172.217.25.100......
* TCP_NODELAY set
* Connected to www.google.com (172.217.25.100) port 80 (#0)
> GET / HTTP/1.1
> Host: www.google.com
> User-Agent: curl/7.56.1
> Accept: */*
>
< HTTP/1.1 302 Found
< Cache-Control: private
< Content-Type: text/html; charset=UTF-8
< Referrer-Policy: no-referrer
< Location: http://www.google.co.kr/?gfe_rd=cr&dcr=0&ei=4MztWYf3Oefd8AfSsK7IBw
< Content-Length: 271
< Date: Mon, 23 Oct 2017 11:05:04 GMT
<
<HTML><HEAD><meta http-equiv="content-type" content="text/html;charset=utf-8">
<TITLE>302 Moved</TITLE></HEAD><BODY>
<H1>302 Moved</H1>
The document has moved
<A HREF="http://www.google.co.kr/?gfe_rd=cr&amp;dcr=0&amp;ei=4MztWYf3Oefd8AfSsK7IBw">
here</A>.
</BODY></HTML>
* Connection #0 to host www.google.com left intact
```

내용이 상세하게 조회되는 것을 확인할 수 있습니다.

옵션 설정이 완료되면 **설치**를 눌러 설치를 진행합니다.

❤ 그림 E-8 설치 - 진행 1

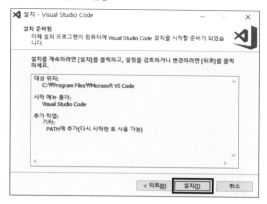

❤ 그림 E-9 설치 - 진행 2

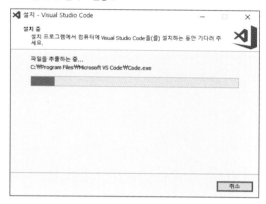

다음 화면이 나타나면 설치가 완료된 것입니다. **마침**을 누릅니다.

❤ 그림 E-10 설치 - 완료

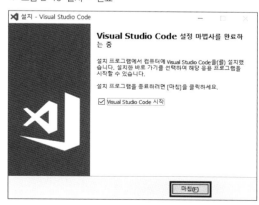

설치가 완료되면 자동으로 Visual Studio Code를 시작합니다.

❤ 그림 E-11 Visual Studio Code 실행

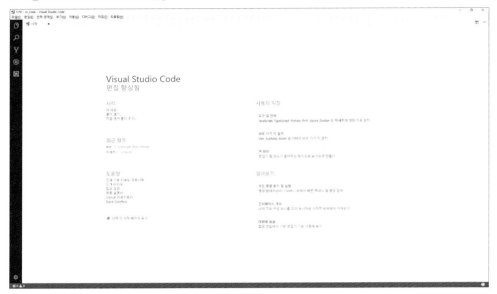

E.2 Visual Studio Code에서 Node.js 개발

설치한 Visual Studio Code를 이용해 Node.js를 개발하겠습니다. Visual Studio Code를 이용한 개발은 폴더 기반으로 진행됩니다. Visual Studio Code를 실행하고 **파일 > 폴더 열기** 메뉴를 선택하거나 단축키 Ctrl + K , Ctrl + O 를 누릅니다.

✔ 그림 E-12 폴더 열기

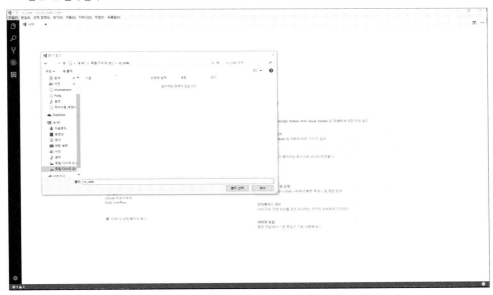

적당한 폴더를 새로 만들거나 이미 만들어 둔 폴더를 선택합니다. 예제용 vs_code 폴더를 새로 만들었습니다. 폴더를 선택하고 Visual Studio Code 왼쪽 위의 탐색기를 클릭하거나 단축키 Ctrl + Shift + E 를 누르면 선택 폴더명이 나타납니다.

✔ 그림 E-13 폴더 선택

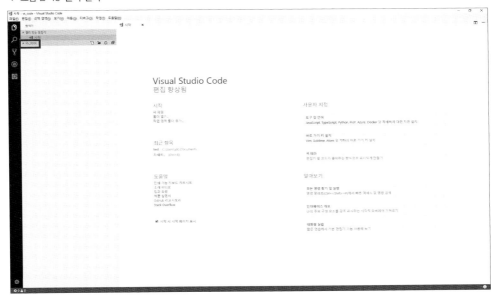

탐색기 › VS_CODE 옆에 있는 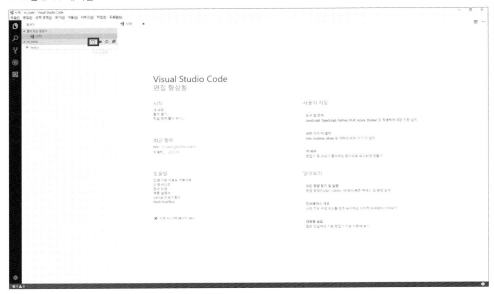을 클릭해 test.js 파일을 생성합니다.

▼ 그림 E-14 새 파일

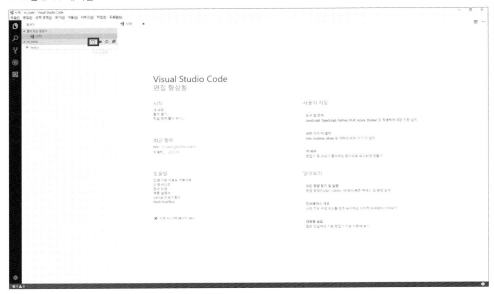

다음과 같이 test.js가 표시됩니다.

▼ 그림 E-15 test.js

새로 생성한 test.js 파일에 다음과 같이 테스트용 코드를 작성합니다.

```
const hello = "hello";
const message = hello + " visual studio code.";
console.log(message);
```

▼ 그림 E-16 테스트 코드 입력

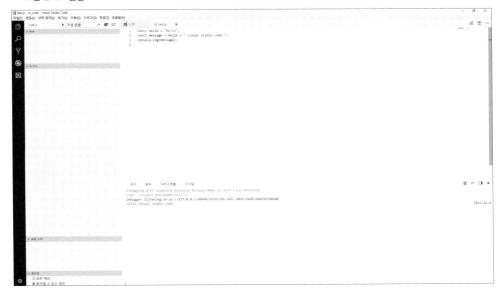

F5 를 눌러 test.js 파일을 실행합니다.

▼ 그림 E-17 실행

Visual Studio Code로 Node.js 개발

F5 를 누르면 화면이 디버그 모드로 변경되면서 아래쪽에 있는 디버그 콘솔에 "hello visual studio code." 메시지를 출력합니다.

Visual Studio Code의 장점 중 하나는 매우 편한 디버깅 환경입니다. Shift + F5 를 누르거나 **디버그 > 디버깅 중지** 메뉴를 선택해 디버깅 상태를 종료한 후 작성한 코드의 두 번째 줄에서 F9 를 눌러 브레이크 포인트를 설정합니다. 브레이크 포인트가 설정되면 해당 라인 앞에 빨간색 점을 표시합니다.

▼ 그림 E-18 브레이크 포인트 설정

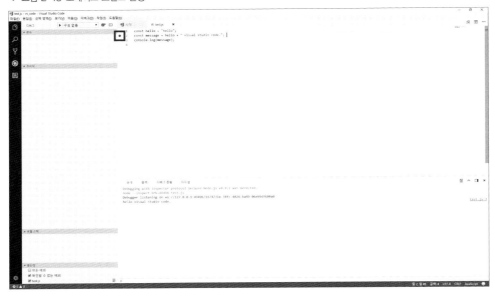

이 상태에서 F5 를 눌러 실행합니다.

▼ 그림 E-19 디버깅

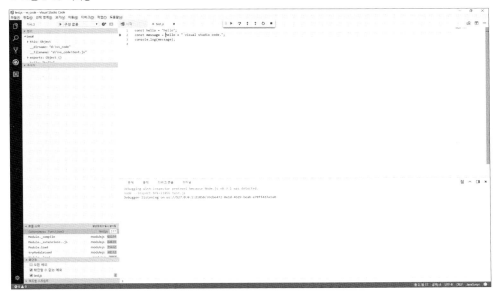

디버그 모드가 실행되면 설정한 브레이크 포인트로 실행이 일시 중단되고, 현재 상태의 변수 값을
확인할 수 있습니다. F10을 눌러 다음 라인으로 진행합니다.

▼ 그림 E-20 디버그 진행

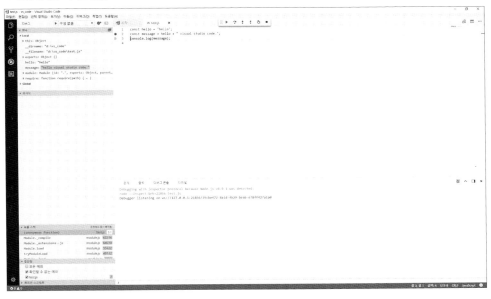

왼쪽 message에 값이 할당되는 것을 변수 패널에서 확인할 수 있습니다. 또 Visual Studio Code에서는 아래쪽 터미널을 이용해 명령 프롬프트에서 모든 명령어를 호출할 수 있습니다. **터미널** 탭을 클릭한 후 dir을 입력합니다.

▼ 그림 E-21 터미널

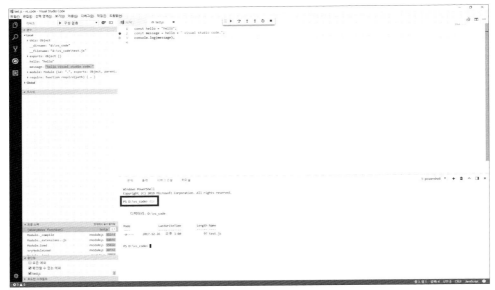

이외에도 Visual Studio Code에서는 개발에 필요한 다양한 기능을 제공합니다. 자세한 내용은 공식 사이트(https://code.visualstudio.com)에서 확인할 수 있습니다.